XXV·PONTIF·VI·
VS XIV
PON·MAX
SOLVTVM A·DOM·MDCCLXII

HIGHLIGHTS ROM

DIE 50 ZIELE, DIE SIE GESEHEN HABEN SOLLTEN

IN HONOREM PRINCIPIS APOST PAVLVS V BVRGHESIVS ROMANVS PONT MAX AN MDCXII PONT

HIGHLIGHTS

ROM

Susanne Wess
Thomas Winzker
Mirko Milovanovic

BRUCKMANN

Vor allem zur Rosenblüte lockt es die Menschen auf den Aventin (oben). »Carciofo alla giudia« ist eine der vielen jüdischen Spezialitäten im einstigen Ghetto Roms (Mitte). Am Wochenende herrscht besonders viel Trubel auf der Via del Corso (unten).

Inhaltsverzeichnis

Das »Hotel Westin Excelsior« zählt zu Roms Luxusherbergen (oben). Luxus findet sich ebenfalls in der Lobby des »Hotel d'Inghilterra« in der Via Bocca di Leone (Mitte). Typisch Italien: »Dolce Vita« auf der Piazza di Venezia (unten).

ROM
0
250 m
N
Metro - Linie A
Metro - Linie B
Highlights
Centro Storico
Zwischen Monte Pincio und Monte Celio
Von Aventin bis Ostiense
Trastevere
Vatikan
In der Umgebung
Flaminio
Villa Borghese 25
Museo e Galler
Viale delle Milizie
Ponte del Risorgimento
Lepanto
Viale Giulio Cesare
Via degli Scipioni
S. Maria del Popolo
Piazza del Popolo
Monte Pincio
Viale del Muro Torto
Tevere
S. Maria in Montesanto
15
S. Maria dei Miracoli
Ottaviano - S. Pietro
Piazza dei Quiriti
PRATI
Piazza della Libertà
Ponte Reg. Margherita
Viale della Trinità dei Monti
Via Candia
Via Germanico
Via Ottaviano
Via Leone IV
Via Cola di Rienzo
Via Cicerone
Via G. Belli
L. Mellini
L. in Augusta
Via di Ripetta
Via del Corso
Via del Babuino
Villa Medici
Via Lazio
Via di Porta Pinciana
Via Vitt. Veneto
Gesù e Maria
Spagna
Piazza Risorgimento
Via Boezio
Via Tacito
Vatikanische Pinakothek 44
Vatikanische Museen 45
Borgo Angelico
Via Crescenzio
Piazza Cavour
Ara Pacis Augustae 16
Augustus-Mausoleum
Via della Croce
Piazza di Spagna
17
SS. Trinità dei Monti
Spanische Treppe
Ponte Cavour
V. Tomacelli
19
Via Sistina
Via dei Corridori
Engelsburg
46
L. Prati
Via Condotti
Via Frattina
Via due Macelli
Barberini
Fontana di Trevi
V. di S. Basilio
23
Petersdom
43
Petersplatz
Via d. Conciliazione
Engelsbrücke
L. Castello
Ponte Umberto
L. Marzio
Palazzo Borghese
Via della Mercede
Via del Tritone
Piazza Barberini
S. Carl Quattr
Museo Napoleonico
Galleria Colonna
TREVI
22
Palazzo del Quirinale
Ponte Vitt. Em. II
L. Tor di Nona
S. Agostino
Piazza Colonna
20
Fontana di Trevi
Via Porta Cavalleggeri
S. Maria de la Pace
Via dei Coronari
S. Maria dell'Anima
Piazza Navona
9
Palazzo Madama
Piazza della Rotonda
18
S. Ane al Qui
Via del Quirinale
Corso V. Emanuele II
S. Agnese
Pantheon
S. Ignazio
SS. Apostoli
Via Nazionale
Via Giulia
Chiesa Nuova
Corso del Rinascimento
S. Maria sopra Minerva
Palazzo Colonna
Viale della Mura Aurelia
L. Gianicolense
L. del Sangallo
Tiber
Museo di Roma
Galleria Doria Pamphilj 13
Via dei Serpenti
S. Girolamo della Carità
1
Piazza Venezia
S. Onofrio
Ponte Mazzini
Campo de' Fiori
S. Andrea della Valle
Il Gesù
2
Piazza del Campidoglio
Via della Lungara
10
Piazza Farnese
Monumento Vitt. Emanuele II
8
Kaiserforen
Via Cavour
L. d. Tebaldi
Palazzo Farnese
S. Maria in Aracoeli
Gianicolo
L. della Farnesina
Via Arenula
S. Carlo ai Catinari
Via dei Fori Imperiali
Palazzo Corsini Galleria Nazionale d'Arte Antica
39
Villa Farnesina
Palazzo Spada
12
Via del Teatro di Marcello
S. Pie in Vin
42
JÜDISCHES ROM
3
Kapitolinische Museen
Forum Romanum
4
Via delle Fornaci
Ponte Sisto
L. dei Vallati
Teatro di Marcello
Colo
L. d. Cenci
KAPITOL
Via G. Garibaldi
L. Sanzio
Ponte Garibaldi
14
Tiberinsel
Kol
Via Aurelia Antica
6
Arco de Jano
Palatin
Konstantinbogen
S. Maria in Trastevere
40
Piazza di S. Maria in Trastevere
S. Crisogono
L. d. Anguillara
S. Maria in Cosmedin
11
5
Piazza Bocca della Verità
SS e F
S. Cecilia in Trastevere
41
Via di S. Pancrazio
S. Pietro in Montorio
TRASTEVERE
Circus Maximus
33
Via del Circo Massimo
Via di San Gregorio
Caelius
Viale Glorioso
Tiber
L. Aventino
S. Gregorio Magno
Viale Trastevere
Villa Sciarra
S. Sabina
34
Circo Massimo
Ponte Sublicio
Aventin
S. Prisca
Via G. Carini
Via A. G. Barrili
Via Portuense
Piazza Cavalieri di Malta
Viale delle
L. Testaccio
Via Giovanni Branca
Via Marmorata
Viale Aventino
Viale G. Baccelli
Via P. Cestia
38
TESTACCIO
Via A. Galvani
Aurelianische Mauer
35
Viale G. Bacc
Cimitero Acattolico
36
Piazza di Porta S. Paolo
Cestius-Pyramide
Piramide

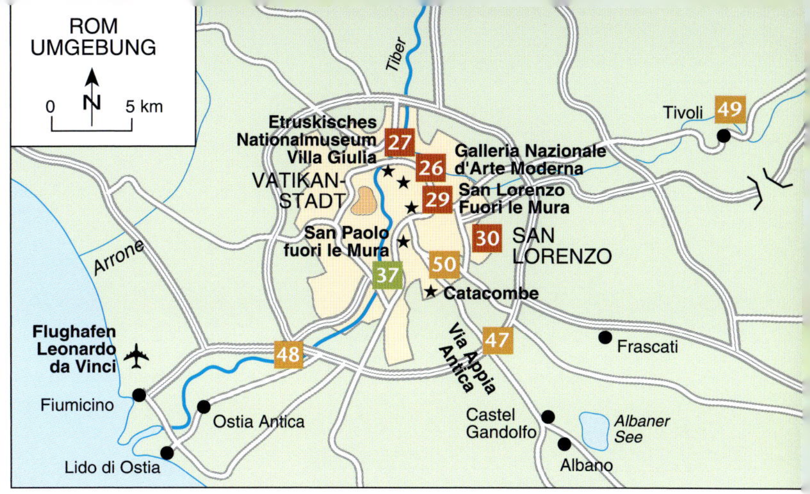

SIXTINISCHE KAPELLE

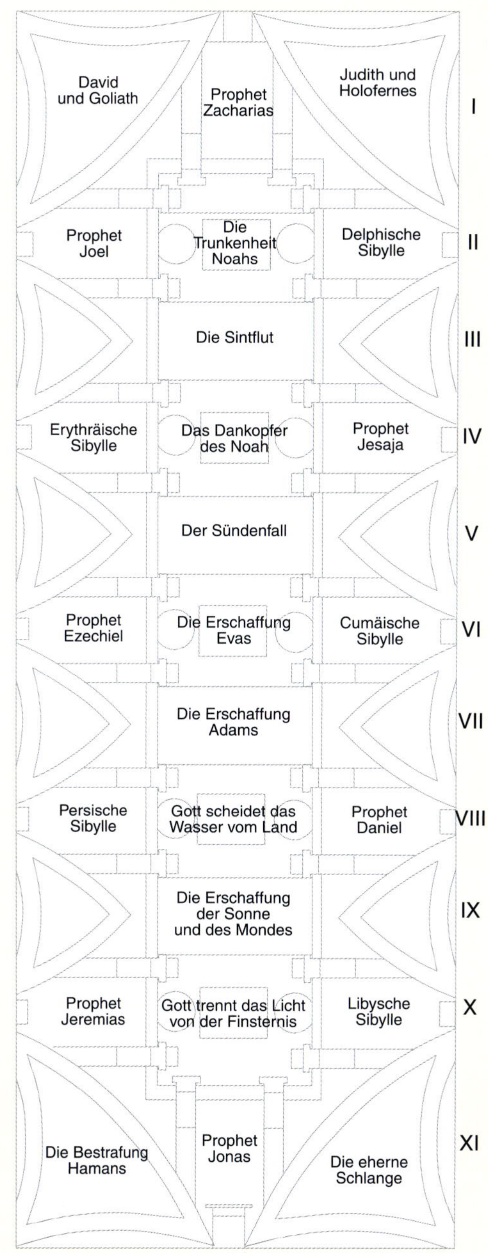

Zahllose romantische Winkel birgt die Altstadt, etwa in der Via di Santo Stefano del Cacco (oben). Das reiche kulinarische Angebot lässt das Feinschmeckerherz höherschlagen, ob in einer Trattoria wie dem »San Teodoro« (Mitte) oder in den Markthallen der Via Principe Amedeo (unten). Die Mosaiken der gotischen Santa Maria Maggiore erinnern an Byzanz (rechts).

Ewig lockt die »Ewige Stadt«

Eine Metropole mit 3000 Jahren Geschichte

Viele Namen hat sie: *Caput mundi*, »Haupt der Welt«, wurde sie schon in der Kaiserzeit getauft, als Mittelpunkt eines Weltreichs, und »Haupt der katholischen Kirche« ist die »Stadt der sieben Hügel« dank des Vatikans noch immer. Ein Begriff aber kommt einem sofort in den Sinn, wenn von ihr die Rede ist: »Rom – ewige Stadt«. Der Name, der fast schon ihr ehrwürdiger Titel ist, verrät, was Rom zu einer der faszinierendsten Metropolen der Welt macht. 3000 Jahre Geschichte haben ihre Spuren hinterlassen, die zeigen, wie maßgeblich unsere westliche Zivilisation hier geprägt wurde.

Rom, die Ewige, zieht Besucher aus aller Welt in ihren Bann. Die Stadt hinterlässt für ewige Zeiten tief greifende Eindrücke, und das seit ewigen Zeiten. Denn kaum eine andere Metropole kann sich rühmen, seit Jahrhunderten magischer Anziehungspunkt für den Fremdenverkehr zu sein. Ob Kunst-, Kultur- oder an Geschichte Interessierte, ob Pilger oder Klerus, ob Liebhaber der römischen Lebensart. Sie alle kamen und kommen in die Tiberstadt, um Geschichte zu sehen und zu fühlen, wie es sonst auf der Welt kaum – an einem einzigen Ort vereint – noch möglich ist. Deshalb galt die Stadt seit dem 17. Jahrhundert als obligatorisches und wichtigstes Ziel der sogenannten Kavalierstouren, Bildungsreisen für die Sprösslinge des Adels, später auch des Bürgertums. Diese sollten die von der Antike beeinflussten neuen Ideale der Renaissance und des Humanismus studieren. Doch bald zog sie auch Dichter und Denker an, Architekten und Bildhauer, Maler und Musiker aller Art, die sich Inspiration für ihre Kunst erhofften, darunter auch Johann Wolfgang von Goethe.

»Oh, wie fühlt' ich in Rom mich so froh!«

… verrät uns der deutsche Dichterfürst als großer Liebhaber von Italiens Hauptstadt in seinen *Römischen Elegien*. Neben aller Historie, Architektur und Kunst war Goethe derart von dem leichteren Lebensgefühl der Römer, ihrer südländischen Gelassenheit und Sinnlichkeit angetan, dass er gleich zweimal nach Rom kam und 15 Monate verweilte. Von seiner Wohnung in der Via del Corso aus erkundete er die Denkmäler der Antike,

Der Elefant an der Piazza della Minerva trägt den kleinsten Obelisken Roms und ist ein Entwurf von Bernini (oben). Aus Brescia-Marmor gemeißelt für die Ewigkeit: Figurengruppe des »Il Vittoriano« (Mitte). Der verkehrsberuhigte Teil der Via del Corso lässt sich auch gemütlich mit dem Fahrrad erkunden (unten). Konzert in Santa Maria del Popolo (rechts).

nahm er am römischen Karneval oder an ausgelassenen Volksfesten teil. Oder er gab seinem Schaffensdrang nach, zog sich zurück und verewigte seine bunten Eindrücke in seiner *Italienischen Reise*, seinem Rom-Tagebuch: »Ich kann sagen, dass ich nur in Rom empfunden habe, was eigentlich ein Mensch sei. Zu dieser Höhe, zu diesem Glück der Empfindung bin ich später nie wieder gekommen.«

Antike zum Angreifen

Wie vielen Besuchern heute, erging es auch Goethe seinerzeit, als er zum ersten Mal in die Stadt reiste: Es war sein erster Kontakt mit einer greifbaren Antike. »Anderer Orten muß man das Bedeutende aufsuchen, hier werden wir davon überdrängt und überfüllt. Wie man geht und steht, zeigt sich ein landschaftliches Bild aller Art und Weise, Paläste und Ruinen, Gärten und Wildnis, Fernen und Engen, Häuschen, Ställe, Triumphbögen und Säulen, oft alles zusammen so nah, daß es auf ein Blatt gebracht werden könnte. (…) Und dann ist man abends müde und erschöpft vom Schauen und Staunen.« Wie Goethe in seinen Aufzeichnungen mag die unglaubliche Fülle an Sehenswürdigkeiten auch manchen Touristen erschlagen. Sämtliche Epochen der Antike haben der Nachwelt faszinierende Bauwerke und einzigartige Artefakte vermacht, mal mehr, mal weniger gut erhalten, doch immer erzählen sie ihre ureigene Geschichte. Auch wenn vom Rom der Etrusker nur karge Spuren über die Jahrhunderte gekommen sind, so hinterließ das rätselhafte Volk mit den dunklen Wurzeln ausgerechnet ein Bauwerk, das bemerkenswerterweise gemäß seiner ursprünglichen Bestimmung bis

zum heutigen Tage genutzt wird: die *cloaca maxima*, das unversehrte Abwassersystem. Weitere Hinterlassenschaften sind viel kleinerer Natur, Schmuck, Bronzen, Begräbnisutensilien, Tonsarkophage oder Büsten, alles zu sehen in der Villa Giulia. Schönste Bauten aus der römischen Republik, die bis zur Ermordung Julius Cäsars 44. v. Chr. dauerte, sind die beiden entzückenden Tempel auf dem Foro Boarium, während der Ponte Fabricio den Fußgängern noch heute als Brücke über den Tiber dient.

Goldenes Kaiserreich

Die beeindruckendsten Zeugen der Antike stammen aus der imperialen Ära der Stadt, die mit Kaiser Augustus 27. v. Chr. ihren Anfang nahm. In dieser glanzvollen Zeit bis zur Teilung des Reichs in Ost- und Westrom entwickelten die Herrscher der verschiedenen Dynastien eine wahre Bauwut: Ergebnisse sind der weltweit einzigartige gewaltige Pantheon-Rundtempel, das wohl am perfektesten erhaltene architektonische Zeugnis der Antike – von Kaiser Hadrian, dem Erbauer der Engelsburg, einem anderen Wahrzeichen Roms, veranlasst. Der größte antike Bau, den es bis heute zu bestaunen gibt, das Kolosseum, entstand unter Kaiser Vespasian, während das Forum Romanum, das politische, gesellschaftliche und wirtschaftliche Herz der Metropole, von verschiedenen Kaisern beständig erweitert wurde, wie auch die Kaiserforen oder der Trajansmarkt.

Die neue Ära

Doch all die Pracht der Tempel und die Machtdemonstration der Siegestore half nicht: Rom war ein anderes Schicksal beschieden, das eine neue Ära einläutete. Das Christentum hielt Einzug, durch Kaiser Konstantin den Großen und dessen Sieg an der Milvischen Brücke über den Usurpator Maxentius, der noch den alten Göttern huldigte. Konstantin besann sich durch eine Traumvision eines Besseren und zog mit dem christlichen Kreuz auf den Standarten in die Schlacht – es ist die erste, die im Zeichen des christlichen Herrn geschlagen wurde. Diesem Sieg ist es zu verdanken, dass das Christentum bald schon zur Staatsreligion, Rom das neue Zentrum des neuen Glaubens und

Kirchen wie die SS Ambrogio e Carlo in der Via del Corso überraschen, auch wenn sie nicht zu den bedeutendsten Roms zählen (oben). Wie ein Blick in eine andere Zeit: der Hinterhof Arco degli Acetari in der Nähe des Palazzo Cancelleria (unten). Der Ponte Fabricio führt über den Tiber ins einstige jüdische Ghetto (oben links).

Die Galleria Nazionale d'Arte beherbergt moderne Installationen wie diese von Alfredo Pirri mit Skulpturen des 19. Jahrhunderts (oben), auch Gemälde im Saal L'utopia umanitaria (Mitte). Die Caracalla-Thermen dienen im Sommer als Opernkulisse (unten). Das Stadtportal führt von der Piazza del Popolo (rechts oben) zum Nationalmuseum Maxxi (rechts unten).

Kirchen über Kirchen zu Ehren des einzig wahrhaftigen Gottes geschaffen wurden. Sie nur annähernd aufzuzählen, ist kaum möglich, heißt es doch, dass Rom mehr Kirchen hat als das Jahr Tage. Je nachdem, wie viel Zeit man mitbringt, Pflicht sind auf jeden Fall die sieben großen Basiliken, darunter allen voran natürlich Sankt Peter, der Nabel der katholischen Welt, heute nur noch zweitgrößte Kirche der Welt, Roms Bischofskirche San Giovanni in Laterano, San Paolo fuori le Mura im byzantinischen Stil und das Gotik-Juwel Santa Maria Maggiore.

Museen und Galerien

Wem jetzt noch nicht der Kopf schwirrt, der besuche auch noch Roms Museen, die zu den bestbestückten der Welt zählen. Allein schon die Fülle der Vatikanischen Sammlungen einigermaßen zu bewältigen, bräuchte wohl Wochen und Monate – die Sixtinische Kapelle und die Stanzen des Raffael noch nicht eingerechnet –, ganz zu schweigen von der Besichtigung der weltberühmten Kunstgalerien Spada, Doria Pamphilj, Borghese, Venezia und Barberini, und Antikensammlungen wie der Villa Giulia oder des Kapitolinischen und des Römischen Museums. Die Qual der Wahl, so müsste der Wahlspruch der Stadt heißen, die einen zwingt, klare Schwerpunkte zu setzen. Oder zurückzukommen. Dann sollte man sicherheitshalber eine Münze in die Fontana di Trevi werfen, berühmtester Brunnen der Welt, ganz wie es der Brauch verlangt. Für uns das Sinnbild des sinnlichen Roms, verdienten die monumentalen Wasserspiele kurioserweise kaum die Aufmerksamkeit von Dichterfürst Goethe. Dem schien das Ganze zu überladen, wie im Übrigen die Bauten des Mittelalters, der Renaissance und des Barock ganz im Allgemeinen.

Römisches Leben

Viel lieber nahm er am römischen Leben teil, das er wiederum in all seiner Üppigkeit aufs Höchste schätzte. Er saß auf der schon damals von Fremden stark frequentierten Piazza Navona mit dem herrlichen Vier-Ströme-Brunnen, trank dort vielleicht seinen Espresso, wie er es auch gern im berühmten »Caffè Greco« tat, das nur fünf Minuten von seiner Wohnung nahe der Piazza del Popolo entfernt lag, wo er auch tagtäglich römisches Leben studieren konnte. Heute ist die Gegend eher bekannt fürs Luxus-Shoppen, allen voran die hochpreisig bestückte Via Condotti, die zur Spanischen Treppe führt, welche wiederum Roms vielleicht beliebtestes Fotomotiv ist. Von so viel Kultur entspannen lässt es sich perfekt in dem einen oder anderen Stadtteil, der nicht so zentral liegt. Authentische Trattorien und Osterien zuhauf gibt es rund um den Campo de' Fiori, in Trastevere und in erst in neuerer Zeit erschlossenen Vierteln wie dem Testaccio – einst ein antiker Müllberg – oder im studentisch geprägten San Lorenzo, wo die Preise noch bezahlbar sind. Hier finden sich auch die angesagten Clubs und Diskotheken für alle, die nach einem langen Besichtigungstag noch zu einer Dosis Nachtleben fähig sind. Wie man sieht, bleibt einem gar nichts anderes übrig, als wieder und wieder hierherzu kommen. Um Italiens Hauptstadt in all ihren Facetten wirklich kennenzulernen, braucht man eben Zeit – viel Zeit, am besten eine ganze Ewigkeit!

ANNO·MDCCCLXXIX
RESTITUTAE·LIBERTATIS·X
TVRRIBVS·VTRINQVE·DELETIS
FRONS·PRODVCTA·INSTAVRATA
PIVS·IIII·PONT·MAX
PORTAM·IN·HANC·AMPLI
TVDINEM·EXTVLIT
VIAM·FLAMINIAM
STRAVIT·ANNO·III
S·P·Q·R·
VRBE·ITALIAE·VINDICATA
INCOLIS·FELICITER·AVCTIS
GEMINOS·FORNICES·CONDIDIT
Gazelle

Centro Storico

Rundum ist das Pantheon ein ausgezeichnet erhaltenes, antikes Bauwerk (oben). Bilderbuchmotive bietet der Campo de' Fiori (Mitte). Zwischen dem Il Vittoriano und der Piazza del Popolo bewegt sich ein steter Strom auf der Via del Corso (unten). Und auch auf der Piazza della Rotonda tummeln sich den ganzen Tag die Touristen vor dem Pantheon (rechts).

ALBERGO ABRUZZI
PIAZZA
ROTONDA

Stolz weht Italiens Flagge über dem Nationaldenkmal »Il Vittoriano« (oben). Aus Brescia-Marmor gemeißelt für die Ewigkeit: Figurengruppe des Monuments Il Vittoriano für Viktor Emanuel II. (unten).

1 Piazza Venezia

Verkehrsknotenpunkt der Stadt

Am Fuße des Kapitols, nur einen Steinwurf vom Forum Romanum entfernt, liegt die Piazza Venezia mitten im pulsierenden Zentrum der Stadt. Benannt ist sie nach dem angrenzenden Palazzo, der fast 250 Jahre als diplomatische Vertretung der Republik Venedig am Tiber diente.

Während der Herrschaft der Faschisten war der Palast offizieller Regierungssitz Mussolinis, und zahlreiche historische Aufnahmen zeigen den Duce auf dessen Balkon bei einer seiner berüchtigten Ansprachen. Heute beherbergen die Räume ein sehenswertes Museum mit Exponaten aus Mittelalter und Renaissance sowie die Biblioteca di Archeologia e Storia dell'Arte. Hier findet sich vor allem im Sommer leicht eine ruhige Ecke, in der man sich von einem anstrengenden Tag im Centro Storico erholen kann. Um dem Platz eine möglichst symmetrische Anmutung zu verleihen, wurde direkt gegenüber dem Palazzo Venezia an der Ostseite 1911 das Verwaltungsgebäude der Assicurazioni Generali di Venezia errichtet und sowohl in Baustil als auch Ausmaßen dem Palazzo Venezia weitgehend angepasst.

Monumento Vittorio Emanuele II

Dominiert wird der Platz, der schon während der römischen Republik als Verkehrsknotenpunkt der antiken Metropole galt, vom alles überragenden Monumento Vittorio Emanuele II, das ab 1885 an seinem Südende errichtet wurde und das die Römer seiner Protzigkeit wegen auch »Gebiss« oder »Schreibmaschine« nennen. Um für den gewaltigen Bau Platz zu schaffen, wurde damals ein ganzes Stadtviertel dem Erdboden gleichgemacht, einschließlich des bedeutsamen Klosterbaus von Santa Maria in Aracoeli. Aber auch heute spielt der Platz als Schnittpunkt wichtiger Verkehrsachsen noch immer eine große Rolle, und unzählige Vespas und Motorini knattern Tag für Tag darüber hinweg. Während die unter Mussolini als Prachtstraßen angelegten Via del Teatro Marcello und Via dei Fori Imperiali den Weg in Richtung Tiber bzw. Südosten zum Kolosseum weisen, läuft die – nun weitgehend verkehrsberuhigte – Via del Corso nach Norden auf die Piazza del Popolo zu. Nach Westen führt die Via del Plebiscito zu Vatikan und Petersplatz, während die Via Cesare Battisti schließlich auf den Quirinal führt.

INFO: Monumento Vittorio Emanuele II. Piazza Venezia. Geöffnet Mo–So 9.30–19 Uhr

2 Piazza del Campidoglio

Michelangelos Meisterstück

Der einem Trapez nachempfundene Kapitolsplatz verdankt seine heutige Gestalt keinem Geringeren als Michelangelo Buonarroti. Aber schon vor mehr als 2500 Jahren lagen auf dem Hügel einige der bedeutendsten Monumente der Stadt.

Mit dem kolossalen Jupitertempel entstand hier bereits 509 v. Chr. der zentrale Kultplatz der frühen Republik – fast so groß wie das Parthenon in Athen – und unterstrich Roms Anspruch als *caput mundi*, Hauptstadt des Erdkreises, mit dem Kapitol im Mittelpunkt. Während des Mittelalters entwickelte sich der Hügel verstärkt zum Zentrum der weltlichen Macht und wurde Sitz des Magistrats. Aber erst als Karl V. 1536 beschloss, die Stadt am Tiber zu besuchen, beauftragte der damalige Papst Paul III. Farnese Michelangelo damit, auf der schlammigen Kuppe jene imposante Piazza anzulegen, die wir heute kennen. Freilich dürfte Karl V., als er 1538 in Rom eintraf, kaum mehr als eine Baustelle vorgefunden haben.

Der Kult der Achse

Die Neugestaltung des Platzes, zu dem man von der Piazza Venezia über eine von Michelangelo angelegte Treppe, die sogenannte Cordonta, hinaufsteigt, bezog auch die umliegenden Gebäude mit ein, war aber erst Mitte des 17. Jahrhunderts abgeschlossen – rund 100 Jahre nach Michelangelos Tod. Mit seinen Plänen durchbrach er die ursprüngliche Orientierung des Areals hin auf das antike Forum, denn er drehte den Platz in Richtung des im Bau befindlichen Petersdoms um – das neue Machtzentrum des päpstlichen Roms. Diese symbolische Hinwendung zu einer neuen Zeit erreichte er durch die Ausrichtung der wichtigsten Bauelemente an einer zentralen Achse. Selbst das 1538 auf dem Platz errichtete Reiterstandbild Marc Aurels blickt stramm Richtung Vatikan. Gemeinsam mit dem Palazzo dei Conservatori und dem Palazzo Nuovo, die den Palazzo Senatorio an der Stirnseite des Platzes flankieren, entstand so jenes Trapez, das die im Grunde relativ kleine Piazza optisch deutlich größer erscheinen lässt. Erst 1940 wurde auf Befehl Mussolinis auch das von Michelangelo vorgesehene Pflasterdesign mit einem in die ovale Form des Platzes gestauchten Stern fertiggestellt und dieses Meisterwerk der Renaissance damit endgültig vollendet.

INFO: Palazzo dei Conservatori und Palazzo Nuovo. Geöffnet Di–So 9–20 Uhr; Eintritt 6,50 €, plus 1,50 € für Ausstellungen

Die Reiterstatue des Kaisers Marc Aurel auf der Piazza del Campidoglio (oben). Mit der Abenddämmerung kehrt auch die Ruhe auf der Piazza del Campidoglio ein (unten).

Allein der Fuß der Konstantinstatue hat eine beeindruckende Größe (oben). Der neu eröffnete Gang verbindet die gegenüber liegenden Museumsgebäude miteinander (unten). Die römische Wölfin nährt die Stadtgründer Romulus und Remus (oben rechts). »Die Schlacht von Alexander und Darius« im Palazzo dei Conservatori (rechts unten).

3 Kapitolinische Museen

Kunst auf dem Kapitolshügel

Im Jahr 1471 schenkte Papst Sixtus IV. dem römischen Volk eine bedeutende Sammlung antiker Statuen, die seitdem auf dem Kapitolshügel aufbewahrt wird. Was zuvor nur in privaten Kunst- und Wunderkammern reicher Adliger und Kirchenfürsten zu bestaunen war, sollte fortan allen Bürgern Roms zugänglich sein.

Damit legte das Kirchenoberhaupt den Grundstein für das erste öffentliche Museum der Welt. Zahlreiche Exponate aus Sixtus' Galerie, die zuvor im Lateranpalast untergebracht waren, zählen immer noch zu den Höhepunkten der Ausstellung. Doch es dauerte mehr als 250 Jahre, bis schließlich Papst Clemens XII. Corsini die Kapitolinischen Museen 1734 offiziell einweihte. Der wichtigste Teil der Sammlung ist heute in den beiden direkt gegenüberliegenden Palazzi dei Conservatori und Nuovo untergebracht, die seit dem 20. Jahrhundert durch eine unterirdische Galerie miteinander verbunden sind und mehrfach erweitert wurden.

Ein glücklicher Zufall

Zu den Höhepunkten der Ausstellung zählt das Reiterstandbild Marc Aurels aus dem zweiten Jahrhundert n. Chr., das bis zum Jahr 1981 vor dem Senatorenpalast aufgestellt war, dann aber aus konservatorischen Gründen durch eine Kopie ersetzt wurde. Das Original steht heute im Cortile di Marforio, der mit seiner Glasüberdachung an den Great Court des British Museum in London erinnert. Überlebt hat diese Statue die Jahrtausende wohl nur deshalb, weil man das Abbild irrtümlich für eine Darstellung des christlichen Kaisers Konstantin hielt. Eine Legende erzählt, dass die schon lange abgetragene Vergoldung des Bildnisses eines Tages zurückkehren und damit das bevorstehende Ende der Welt ankündigen wird. Ebenfalls im Cortile thront der perfekt erhaltene Bronzekopf einer Kolossalstatue Konstantins, die ursprünglich über zehn Meter hoch gewesen sein muss, zudem ein imposanter Herkules sowie Fundamente des Jupitertempels, Roms wichtigstem Heiligtum. Im Palazzo Nuovo finden Besucher ebenfalls die bekannte Marmorstatue des »Sterbenden Galliers« und die weltberühmte, wenn auch ein wenig schamhaft dreinblickende »Kapitolinische Venus«, deren griechisches Original, die »Aphrodite von Knidos«, dem legendären Praxiteles zugeschrieben wird und über Jahrhunderte als Inbegriff weiblicher Schönheit und Tugend galt.

Die Kapitolinische Wölfin

Das kunstgeschichtlich vielleicht nicht bedeutendste, mit Sicherheit aber symbolträchtigste Stück der Sammlung ist jedoch die im Konservatorenpalast ausgestellte Bronzestatue der Kapitolinischen Wölfin, die das Zwillingspaar Romulus und Remus säugt – Sinnbild des Gründungsmythos der Stadt. Die beiden Knaben zu Füßen der aus etruskischer Zeit stammenden Tierdarstellung wurden allerdings erst im 15. Jahrhundert ergänzt. Weitere Höhepunkte sind die Bronzestatue des Dornausziehers oder die Bruchstücke einer marmornen Kolossalstatue von Kaiser Konstantin, die im Innenhof des Museums bestaunt werden können. Ein Stockwerk höher befindet sich eine Gemäldesammlung mit Werken des 14. bis 17. Jahrhunderts von der Hand Tizians, van Dycks, Rubens', Veroneses und Tintorettos. Allein schon den Besuch wert ist Caravaggios Darstellung von »Johannes dem Täufer« als Knabe. Ebenfalls sehenswert: Gian Lorenzo Berninis »Haupt der Medusa«, die auf unheimliche Weise trotz ihres bleichen Marmorantlitzes lebendig wirkt.
Zu den Kapitolinischen Museen gehören neben den erwähnten Standorten auf dem Kapitol auch Galerien in anderen Teilen der Stadt, darunter MARCO mit einer Sammlung zeitgenössischer Kunst an der Via Nizza, das Museo dell'Ara Pacis mit dem berühmten Friedensaltar des Kaisers Augustus, den dieser auf dem Marsfeld errichten ließ oder die Räume der Villa Torlonia, die inmitten eines herrlichen Gartens in englischem Stil im Stadtteil Nomentano liegt.

KUNST, KULTUR UND KAFFEEGENUSS

Nach einem Rundgang durch die endlosen Galerien und Ausstellungssäle darf man sich ruhig eine ausgiebige Pause gönnen. Der ideale Ort dafür ist die schöne Bar des Museums. Um die Mittagszeit geht es hier jedoch oft hektisch zu, darum sollte man seinen Cappuccino lieber antizyklisch schlürfen. Die Spezialität des Hauses: der *caffè capitolino*, in einem mit Kakao ausgestreuten Martiniglas serviert. Gute und günstige Snacks wie ein feines Tramezzino bieten sich dazu an. Von der Aussichtsterrasse genießt man einen der schönsten Blicke über die Dächer Roms. Übrigens: Ins Café kommt man auch kostenfrei. Nach der Treppe hinauf zum Kapitol rechts halten. Im hinteren Teil des Gebäudes ist beim Palazzo Caffarelli ein Museumsausgang. Mit einem freundlichen Lächeln am Wachmann vorbei – schon ist man drin. Ein schönes Souvenir: ein Foto vor dem emporgereckten Zeigefinder Kaiser Konstantins im Innenhof des Palazzo dei Conservatori.

WEITERE INFORMATIONEN

Kapitolinische Museen: Piazza del Campidoglio, 1, geöffnet Di–So 9–20 Uhr, www.museicapitolini.org
Cafeteria der Kapitolinischen Museen: Im Palazzo Clementino Caffarelli

Wie den Tempel von Antoninus und Faustina hat man in christlicher Zeit heidnische Tempel zu Kirchen umgebaut (oben). Von der Straße aus überblickt man das westliche Forum (unten). Ein Besuch der Aussichtsterrasse auf dem Il Vittoriano lohnt sich. In jede Richtung bietet sich ein herrlicher Ausblick, wie hier bis zum Kolosseum (rechts).

4 Forum Romanum

Nabel der antiken Welt

Knapp tausend Jahre lang schlug hier das Herz des Römischen Reichs, bevor sich der Schleier der Vergessenheit über das Foro Romano legte, und kaum ein anderer Ort besitzt seine Geschichtsträchtigkeit. Wenngleich die Überreste nur wenig vom Glanz der Antike wiedergeben können, so sind die Ruinen in der Senke zwischen Palatin, Quirinal, Esquilin und Kapitol doch höchst eindrucksvoll.

Mit Sicherheit gehört ein Besuch des Forum Romanum zu den Glanzpunkten eines Romaufenthalts. Zunächst diente das zwischen vier Hügeln liegende Areal als Friedhof. Dann entwässerten die Etrusker das morastige Tal mit seinem ungesunden Klima durch einen Kanal, den sie unterirdisch legten und der beim Ponte Rotto in der Nähe der Isola Tiburtina in den Tiber mündete. Auch heute noch leistet dieser Kanal – die berühmte Cloaca maxima – in Roms Abwassersystem gute Dienste. Durch die Entwässerung entstand ein perfekt geeigneter Handelsplatz, der sich nach der Vertreibung der etruskischen Herrscher und dem Ausrufen der Römischen Republik vom geschäftigen Markt- zum öffentlichen Versammlungsplatz und Herzstück der Stadt entwickelte, die bald Mittelpunkt eines riesigen Imperiums sein sollte. Während der Regierungsjahre der Kaiser ergänzten immer mehr prächtige Tempel und Basiliken das Forum, verherrlichende Gedenkmonumente und Triumphbögen, Siegessäulen und Standbilder. Danach nahm der langsame Niedergang seinen Anfang und einher ging der Verfall des prachtvollen Forums. Heidnischer Tempel bedurfte es nicht mehr, sie wurden in christliche Gotteshäuser umgewandelt oder ganz geschlossen. Zudem diente das Forum bis zur Renaissancezeit als Steinbruch, der praktischerweise direkt vor der Tür lag. Den kostbaren Travertin und Marmor benötigte man für den Bau neuer Paläste, Kirchen und Denkmäler. Gras und Efeu überwucherten bald schon die eingestürzten Überreste, und der einstige Nabel der antiken Welt verkam zum *campo vaccino*, zur Rinderweide, wie der Ort noch zur Zeit von Goethes Italienreise hieß.

Venus und Roma

Das prächtigste und größte religiöse Bauwerk Roms war der Zwillingstempel, dessen Ruinen noch erhalten sind. Die Säulenstümpfe, die über das Gelände verstreut lagen und jetzt zusammengesetzt an der ursprünglichen Stelle wieder

Der Vesta-Tempel bewahrte in altrömischer Zeit das »Heilige Feuer« (oben). Der Septimius-Severus-Bogen erinnert an die Taten des Kaisers, der aus der Provinz Africa stammte (Mitte). Die Maxentiusbasilika ist die letzte und größte ihrer Art (unten). Den besten Blick auf das Forum Romanum genießt der Besucher vom Kapitolshügel aus (oben rechts).

aufgestellt sind, geben einen kleinen Eindruck von der Vorhalle, die den Tempel umgab. Kaiser Hadrian entwarf den Plan selbst und ließ Neros berühmten goldenen Koloss entfernen, um Platz zu schaffen. Ein Viereck aus Travertin außerhalb des Forums markiert noch heute den einstigen Standort der Monumentalplastik. Es heißt, Hadrian habe Apollodorus, dem Schöpfer des Trajansforums, seine Pläne gezeigt, und der große Baumeister habe süffisant angemerkt, dass die sitzenden Statuen, sollten sie sich erheben, sich das Genick an der Decke brächen. Auf den Ruinen des Tempels der Stadtpatronin Roma wurde schon im 7. Jahrhundert eine Kirche erbaut, die zehn Jahrhunderte später der heiligen Francesca Romana geweiht wurde.

Titus und Konstantin

Südlich davon erhebt sich der Titusbogen, den der Senat nach dem Tod des Kaisers errichten ließ und der an die Eroberung Jerusalems erinnert. An der Innenseite sind zwei Reliefs zu bewundern: Sie zeigen den Kaiser auf seinem Triumphwagen und den Zug der jüdischen Gefangenen mit der Menora, dem siebenarmigen Leuchter. Die gewaltige Basilika des Konstantin ist das letzte Bauwerk, das die einstige Größe Roms veranschaulicht. Sie wurde im 4. Jahrhundert unter Maxentius begonnen, doch von Konstantin nach dessen Sieg über den Usurpator an der Milvischen Brücke vollendet. Die wundervolle Basilika, von der es heißt, sie habe Bramante zum Bau der Peterskirche inspiriert, diente als Gerichtssaal und Versammlungshalle. An der Stirnseite befand sich eine Kolossalstatue, deren Überreste auf dem Kapitol zu sehen sind. Die Grundfläche des Ziegelbauwerks betrug 6000 Quadratmeter, und schon das erhaltene Seitenschiff mit den wabenförmigen Deckenkassetten ragt über 24 Meter in die Höhe.

Faustina und Vesta

Zu den besterhaltenen Ruinen des Forums gehört der Tempel von Antoninus und Faustina. Der Kaiser war über den Tod seiner geliebten Gattin Faustina so betrübt, dass er sie zur Göttin erklärte und für sie den prachtvollen Tempel erbauen ließ. Der gute Zustand des Gebäudes ist dem Umstand zu verdanken, dass es im 11. Jahrhundert in die Kirche San Lorenzo in Miranda umgewandelt wurde. Außerdem zeigen Kerben an den Marmorsäulen, dass der Versuch vergeblich blieb, die Säulen mit Seilen aus dem Erdreich zu heben. Großer Kult wurde auch um die Vestalinnen gemacht. In dem runden Vesta-Tempel mussten sechs ausgewählte Patriziertöchter das geheiligte Feuer am Brennen halten. Sie genossen besondere Vorrechte, doch brach eine von ihnen das Keuschheitsgelübde, wurde sie lebendig auf dem Friedhof für Verbrecher begraben. Im Haus der Vestalinnen existieren noch viele Statuen und Inschriften. Einer der Namen ist bis auf den Anfangsbuchstaben C ausgelöscht. Archäologen können sich vorstellen, dass der Name getilgt wurde, weil die Vestalin zum Christentum konvertiert war.

Cäsar und Augustus

Der Tempel Julius Cäsars, von dem nur wenig erhalten ist und den Kaiser Augustus zum Andenken an seinen vergöttlichten Adoptivvater errichtete, wurde 42. v. Chr. dort begonnen, wo der Leichnam des ermordeten Tribunen auf dem Forum vor der Regia, der späteren Residenz des Pontifex maximus, verbrannt worden war. Beim Anblick der Ruinen denke man an die bewegende Szene von Cäsars Bestattung, als Marcus Antonius mit bebender Stimme das Volk gegen Cäsars Mörder aufstachelte. Auf den 50 Meter entfernten Rostra, der öffentlichen Rednertribüne, die ihren Namen den hier als Trophäe befestigten Rammschnäbeln erbeuteter Kriegsschiffe verdankt, mag Cäsar vor seiner Ermordung glühende Reden an das Volk geführt haben. Ihre große Plattform ist heute noch zu sehen, unweit vom Lapis Niger, dem schwarzen Stein, der das Grab des mythischen Romgründers Romulus bezeichnet. Ein weiteres Bauwerk, das mit Cäsar und Augustus zusammenhängt, ist die fünfschiffige Basilika Julia, die nach wechselvollen Geschicken 277 n. Chr. erneuert wurde. Ob es Prozessteilnehmer waren, die in die Stufen des Gerichtsgebäudes Spielbretter ritzten, ist ungewiss. Beim Spiel mögen sie vielleicht zwei unscheinbare, und doch sehr sinnträchtige Bauten erblickt haben: den Umbilicus urbis mit erhaltener kreisrunder Basis, den »Nabel Roms« und damit symbolischer Mittelpunkt des Imperiums, und

Nicht nur in den Kapitolinischen Museen gibt es Interessantes zu sehen, man hat von dort auch seltene Ausblicke auf das Forum Romanum (rechts oben), wie auch an den Friesen des Vesta-Tempels (Mitte). Der Titusbogen ist ein Nachbau aus dem 19. Jahrhundert (unten). Am schönsten ist der Blick vom Kapitol auf das Forum Romanum im Abendlicht (unten links).

Der Bau der Basilika Julia wurde unter Julius Cäsar begonnen (oben). Das Forum ist eine beliebte Kulisse für Hochzeiten (Mitte). Überall sind kunstvolle Überreste zu entdecken (unten). Vom Vittoriano reicht der Blick bis zu den Albaner Bergen (oben rechts). Ob Stierreliefs (rechts unten) oder Büsten: Bei ArcheoArt gibt es alles als Nachbildung (rechts oben).

den Miliarum aureum, die einst mit Gold verkleidete Marmorsäule, die den »Meilenstein 0« markierte – Anfangs- und Endpunkt aller römischen Konsularstraßen. Die auffällige hohe Phokas-Säule sahen sie damals allerdings noch nicht. Sie wurde erst 608 n. Chr. aufgestellt, als das Römische Reich schon längst Geschichte war. Papst Bonifaz IV. ehrte damit den byzantinischen Kaiser Phokas, der nach Rom gereist war, um dem Papst die Umwandlung des Pantheons zur Kirche zu erlauben. Eine weitere Basilika im Forum ist dem Zensor Aemilius Lepidus zuzuschreiben, dem obersten Steuerbeamten. Den Römern war es eine große Ehre, dem Staat zu dienen, und so ließen sie sich nicht etwa für ihren Einsatz entlohnen – im Gegenteil. Sie investierten selbst in Bauvorhaben, die ihr Ansehen in der Öffentlichkeit erhöhen sollten. Die von Lepidus gesponserte Basilika diente als Markthalle, die noch erhaltenen Reliefs zeigen den Raub der Sabinerinnen.

Castor und Pollux

Der benachbarte Castor-und-Pollux-Tempel von 484 v. Chr., von dem die Basis und drei Säulen aus parischem Marmor zeugen, waren den Stadtpatronen geweiht, jenem Zwillingsbrüderpaar, das der Legende nach den Römern gegen die aufständigen Latiner zur Hilfe geeilt war und als Erstes die Siegesmeldung nach Rom getragen hatte. Noch älteren Datums als der Tempel der Zwillinge ist der des Saturn. Bereits 498 v. Chr. eingeweiht, dienten seine unterirdischen Gewölbe als Aufbewahrungsort für die Standarten der Legionen und die Senatsverordnungen wie auch für den Staatsschatz. Cäsar wollte sich wegen des Bürgerkriegs des geheiligten Schatzes bemächtigen; für ihn war es einfach, die Genehmigung des Senats zu erhalten. Doch versperrte ihm der Tribun Metellus den Weg und erklärte, dass niemand eintreten würde, es sei denn über seine Leiche. Cäsar war nicht abzuhalten und ließ die Tür mit Äxten einschlagen, während Metellus klug das Weite suchte.

Septimius Severus und Vespasian

Hinter der Curia erhebt sich das größte aller Siegestore. Der etwas überladen wirkende Triumphbogen des Septimius

Severus, einem Kaiser mit punischen Wurzeln aus der Provinz Africa, demonstriert den Beginn römischer Dekadenz, die mit dem Verfall der römischen Kunst einherging. Der Tempel war zu Ehren von Septimius Severus und seiner beiden Söhne Caracalla und Geta errichtet worden. Die Inschrift birgt eine Kaisertragödie: Nachdem Caracalla seinen Bruder Geta hatte ermorden lassen, ließ er auch dessen Namen vom Bogen tilgen. Ihrer beider Vater aber herrschte von 193 bis 211 n. Chr. und starb nach 18-jähriger Regentschaft eines natürlichen Todes – im 3. Jahrhundert eine ausgesprochene Seltenheit!

Durch den Septimius-Severus-Bogen führt die Via Sacra auf das Kapitol. Heilig war den Römern die Straße, weil neben öffentlichen auch viele religiöse Stätten lagen. Die drei aufrecht stehenden Säulen gehören zur Ruine des Vespasian-Tempels, den der letzte Flavier Domitian 81 n. Chr. seinem Vater, dem Erbauer des Kolosseums, und seinem Bruder Titus, dem Eroberer Jerusalems, weihte. Gleich eine Ansammlung von Göttern ist der Porticus Deorum Consentium des Präfekten Agorius Praetextatus. Die Römer huldigten noch immer den zwölf olympischen Göttern, die im Säulengang in den Zwischenräumen paarweise aufgestellt wurden, obwohl zu jener Zeit schon das Christentum beherrschende Religion war. Das daran anschließende Tabularium, Roms Staatsarchiv, ist der Übergang zum Kapitol. Hier wurden unter anderem die römischen Gesetzestafeln aus Bronze aufbewahrt. Seit der Erbauung des Senatorenpalasts auf dem Kapitol aber bildet es dazu den Unterbau. Am Forum Romanum schließt auch der zweistöckige Mamertinische Kerker an, über dem sich heute die Kirche San Giuseppe dei Falegnami erhebt. Er war das berüchtigte Staatsgefängnis, das vielen Christen zum Verhängnis wurde, etwa der Legende nach auch Petrus und Paulus. Zugang dazu findet man neben der Kirche Santa Maria in Aracoeli.

MEMORABILIEN – GANZ »ANTIK«!

Wen die Lust packt, gleich den alten Römern Besitzer geschmackvoller Vasen mit grazilen Dekobändern und Figurenschmuck aus Ton, filigran gearbeiteter Fibeln und Ohrgehänge aus Gold, eleganter Soldatenstatuen und Kaiserbüsten aus Marmor oder martialischer Gladiatorenhelme aus Bronze zu sein, ohne sich gleich als Grabräuber oder Hehler strafbar zu machen, der sollte dem Laden von ArcheoArt einen Besuch abstatten. Er liegt am Fuße des Kapitols und bietet allerlei virtuose Nachbildungen antiker Vorlagen zum Kauf.

WEITERE INFORMATIONEN

Foro Romano: Largo della Salara Vecchia 5–6 oder Via San Gregorio 30, Tel. 06-39 96 77 00, tägl. geöffnet 9 Uhr–1 Std. vor Sonnenuntergang, 10 € (inkl. Kolosseum und Palatin), www.roma-antiqua.de

Carcere Mamertino: Clivo Argentario 1, Tel. 06-679 29 02, tägl. geöffnet 9–19 Uhr, im Winter 9–12.30 Uhr und 14–17 Uhr, www.roma-antiqua.de

ArcheoArt: Via del Teatro di Marcello 12, Tel. 06-97 60 17 65, www.marcobocchio.it

Der Blick vom Kapitolshügel auf das Forum Romanum verrät die gewaltigen Ausmaße der antiken Stätte.

Der dreigeschossige Bau der Domus Augustana auf dem Palatin strahlt heute noch Harmonie aus (oben). Seine Monumentalität lässt sich am besten vom Forum Romanum aus (unten) ermessen. Von diesem Hügel hat man einen schönen Blick auf das östliche Forum (rechts oben). Schon lange ist der ovale Brunnen des flavischen Palasts versiegt (rechts unten).

5 Palatino

Exklusivste Wohnlage des Imperiums

Der Palatin-Hügel kann als Keimzelle Roms angesehen werden. Von Hirten und Bauern bewohnte Hütten standen hier schon im 9. Jahrhundert v. Chr., wie auch die legendäre Wohnstatt des Romgründers Romulus. In republikanischer Zeit wurde der Palatino bevorzugter Stadtteil wohlhabender und prominenter Römer. Und zu Zeiten der Kaiser avancierte er schließlich zur imperialen Residenz.

Kein Wunder, dass das lateinische Wort *palatinum* zum Synonym für »Kaiserresidenz« wurde, und sich daraus die Begriffe »Palast« und »Pfalz« entwickelten. Schließlich lebten auf dem Palatino viele römische Kaiser. Augustus, Domitian, Septimius Severus, sie alle wirkten hier und hinterließen architektonische Fußabdrücke. Nur Nero verlagerte seine Heimstatt etwas vom Hügel weg. Doch seine Domus Aurea, die er wahrscheinlich nie bewohnt hat, ließ er zumindest mit einem 130 Meter langen unterirdischen Kryptoportikus verbinden. Dieser Korridor ist mit fein gearbeiteten Terrakottaplatten verziert, die mittlerweile durch Kopien ersetzt wurden. Dass sich der Palatin-Hügel heute als friedvoller Garten präsentiert, ist Kardinal Alessandro Farnese zu verdanken. Auf den zugeschütteten Ruinen legte Il-Gesù-Architekt Vignola Europas ersten botanischen Garten an. Südlich jener grünen Oase stand ein Kybele-Tempel. Lediglich das Podium erinnert noch ein wenig an die einst so große Bedeutung dieser Magna Mater. Die Fruchtbarkeitsgöttin wurde während der Punischen Kriege als Schutzgöttin Roms adoptiert und meist in Form eines schmucklosen schwarzen Steins angebetet. Vor den Tempelruinen liegen die Fundamentreste eisenzeitlicher Hütten, die bereits in der Antike als »Haus des Romulus« verehrt wurden.

Kaiserliche Luxusherbergen

Nach dem Sieg über seine Gegenspieler Mark Anton und Kleopatra in der Seeschlacht bei Actium 31. v. Chr. festigte Octavian seine politische Position. Als Kaiser Augustus herrschte er nun allein über das gesamte Imperium und ließ in dieser Zeit neben Romulus' Wohnstatt eine großzügige Residenz errichten. Die inzwischen verblassten Fresken im Haus seiner Gattin, der »Casa di Livia«, verraten etwas vom einstigen Prunk. Neben den illusionistischen Wandmalereien im pompejanischen Stil faszinieren trotz Beschädigungen beschwingte Motive aus der griechisch-römischen Mythologie, etwa der verliebte Polyphem, der Gala-

thea nachstellt, oder Merkur, der Io, der bedrohten Geliebten von Göttervater Zeus, zu Hilfe eilt. Ausdrucksstarke Masken und fantasiereiche Fabelwesen dagegen finden sich in der Casa di Augusto, besonders farbintensive illusionistische Fresken. Östlich der Ruinen erstrecken sich die Reste von Kaiser Domitians Residenz, die den ganzen Mittelteil des Palatino einnimmt. Sie unterteilt sich in die Domus Augustana, die kaiserlichen Privatgemächer, von denen eine hohe Ziegelmauer erhalten blieb, und in die Domus Flavia, die Repräsentationsräumlichkeiten. Kaiserbiograf Sueton berichtet, Domitian habe aus Furcht vor Attentaten sämtliche Säulen mit glänzend poliertem Marmor versehen lassen; darin sollten sich die ihm auflauernden Mörder spiegeln. Ermordet wurde er später tatsächlich – allerdings in seinem Schlafgemach und vermutlich im Auftrag seiner Frau Domitia.

Sport und Spiel

Domitian ließ auch eine Arena errichten, jedoch ist bis heute unklar, ob zu den hier stattfindenden Wettkämpfen die Öffentlichkeit zugelassen war. Der Legende nach soll hier der Heilige Sebastian auf Geheiß des Kaisers Diokletian, des letzten Christenverfolgers, den Märtyrertod erlitten haben. Gleich daneben erheben sich die wohl eindrucksvollsten Ruinen des Palatino: die Ziegelmauern der Septimius-Severus-Thermen, deren gewaltige Unterbauten die Jahrhunderte überdauert haben.

ROMS SCHÖNSTE AUSSICHTSTERRASSE

Herrliche Blicke über die Ewige Stadt auf den sieben Hügeln gibt es zuhauf. Einen der schönsten hat man sicherlich von der Aussichtterrasse am Rand der Farnesischen Gärten, die einst Kardinal Alessandro Farnese anlegen ließ. Der berühmte Maler Jean-Baptiste Camille Corot verewigte den »Blick aus den Farnesischen Gärten auf das Colosseum« auf einem Gemälde, das – leider – nicht in Rom, sondern im Pariser Louvre ausgestellt ist.

In den Gärten genießt man nicht nur ein wundervolles Panorama, hier lässt es sich auch im Schatten der Pinien und Lorbeerbüsche und mit dem Duft von Oleander und Rosen bestens entspannen.

WEITERE INFORMATIONEN

Palatino: Via San Gregorio 30 oder Piazza S. Maria Nova 53, Tel. 06-39 96 77 00, tägl. 9 Uhr–1 Stunde vor Sonnenuntergang, 12 €, www.roma-antiqua.de

Farnesische Gärten: Eingang: Largo Romolo e Remo oder Via di San Gregorio

Am Konstantinsbogen lohnt ein genaues Studium seiner kunstvollen Reliefs (oben). Sie verraten viel über die Bildhauerkunst verschiedener Epochen (rechts unten). Besonders eindrucksvoll ist das Forum Romanum bei einem stimmungsvollen nächtlichen Spaziergang (rechts oben).

6 Konstantinsbogen

Mutter aller Triumphbögen

Auch wenn Konstantin als erster christlicher Kaiser gilt – auf dem Triumphbogen, den der Senat zu seinen Ehren errichten ließ, findet sich kein einziges christliches Motiv. Die Skulpteure waren nicht mehr auf der Höhe ihres Könnens, und so benutzten sie Reliefs aus anderer Zeit. Interessant, denn so bekommt man einen guten Eindruck der Bildhauerkunst vom 2. bis 4. Jahrhundert.

Der Triumphbogen, der besterhaltene und mit 21 Metern Höhe größte, der weltweit zur Vorlage aller Siegesbögen wurde, ist dem Senat von Rom zu verdanken. Kaiser Konstantin zu Ehren errichtete man ihn 315 n. Chr. am Ende des Forums an der Via Sacra nach dessen geschichtsträchtigem Sieg 312 n. Chr. vor den Toren Roms über Maxentius, der die Macht über Rom an sich gerissen hatte. Bevor die gegnerischen Truppen an der Milvischen Brücke aufeinanderstießen, soll Konstantin – zu der Zeit noch Anhänger heidnischer Götter – der Legende nach ein leuchtendes Kreuz mit der Inschrift »in hoc signo vinces« erschienen sein. Mit diesem Motto, »in diesem Zeichen wirst du siegen«, und dem Christus-Monogramm XP auf dem Feldzeichen zog er in die Schlacht und siegte tatsächlich über den Rom-Usurpator. Maxentius ertrank im Tiber, und Konstantin wurde alleiniger Herrscher über das Imperium. Konstantins Sieg wird von der Geschichte als Wendepunkt hin zu einer christenfreundlichen Politik gewertet, auch wenn sich der Kaiser selbst erst auf dem Totenbett taufen ließ.

Antikes Recycling

Warum den dreiteiligen Bogen keine Szenen mit christlichen Motiven schmücken, hat einen guten Grund. Da das Können der Bildhauerzunft zu Beginn des 4. Jahrhunderts nicht mehr auf der Höhe war, stammt fast alles Material dazu unter anderem von den Triumphbögen des Trajan und des Mark Aurel. Geringschätzig wurde das Ergebnis dann gar als »Krähe Äsops« tituliert, die sich in Äsops Fabel mit fremden Federn schmückt. Der interessanteste Teil dieses so gut erhaltenen Bauwerks ist die sinngemäß übersetzte lateinische Inschrift: »Der Senat und das römische Volk widmeten dem frommen, glücklichen und erhabenen Kaiser Cäsar Flavius Konstantin Maximus diesen bedeutenden Bogen für seine Siege, weil er durch die Erleuchtung der Gottheit und Großmut mit seinem Heer die Republik mittels gerechten Krieges vom Tyrannen und später von jedem Parteizwist be-

freite«. Nun waren die Stadtväter heidnischen Glaubens und wussten, dass Konstantin die Christen begünstigte. Einerseits wollten sie eigener Prinzipien wegen Christus nicht an einem öffentlichen Bauwerk nennen, andererseits wollten sie die Gefühle des Kaisers nicht verletzen und heidnischen Göttern huldigen. So fanden sie schließlich einen unverfänglichen Ausdruck, der beidem gerecht wurde: Der Sieg sei erreicht worden »quod instinctu divinitatis«, »aus göttlicher Eingebung«.

Puzzleteile antiker Geschichte

Beim Betrachten der Steinmetzarbeiten könnte man sich den Sport machen, herauszufinden, von welchen antiken Bauwerken die Medaillons, Reliefs und Statuen, die Jagdszenen, Flussgottheiten und Viktorien eigentlich »entliehen« wurden. Das Relief mit Trajans Sieg über die Daker im Bogeninneren beispielsweise zierte vermutlich einst die Trajanssäule. Die in Stein gehauene Szene mit Marcus Aurelius bei der Verteilung von Brot an die Armen könnte vom einstigen Mark-Aurel-Bogen stammen, wie die Opfer für Herkules und Apollo von einem Jagdmonument Hadrians. Manches Relief findet sich dann doch auch, das neu angefertigt wurde und Konstantins Taten für Rom schildert, so die Eroberung Susas, die Schlacht an der Milvischen Brücke und ein langes Fries mit einer Rede Konstantins an das Volk. Selbst ein ungeübtes Auge erkennt ihren deutlich einfacheren Stil. Die Belagerung Veronas etwa lässt keinerlei Perspektive erkennen, und die Proportionen der Figuren wirken etwas plump – besonders dann, wenn man sie mit denen unmittelbar darüber angebrachter Reliefarbeiten vergleicht, die 200 Jahre älter sind.

NACHTSPAZIERGÄNGE

Auch wenn man die antiken Stätten schon ausführlich besichtigt hat: Ein außergewöhnliches wie einprägsames Erlebnis ist ein weiterer Spaziergang durch die Vergangenheit Roms, wenn die Nacht hereingebrochen ist. Dann werden die antiken Gemäuer, schlanken Säulen und Bogengänge, die Ziegelbauten und Kuppeln des Forum Romanum und der Kaiserforen angeleuchtet, erstrahlen Kolosseum und Konstantinsbogen in mystischem Licht. Besonders ratsam ist es, die Tour auf dem Kapitolinischen Hügel zu beginnen. Von dort aus bietet sich der schönste Ausblick auf die antiken Ruinen, vor allem, wenn die Dämmerung allmählich zur Nacht wird. Im Sommer werden auch – mit Voranmeldung – organisierte *passeggiate notturne* angeboten.

WEITERE INFORMATIONEN

Arco di Costantino: Zwischen Via di San Gregorio und Piazza del Colosseo.
Passeggiate notturne d'estate. Buchung über Tel. 06-86 90 72 30, Teilnahme 10–12 €, www.romagiornoenotte.it, eos@eoscultura.it

Auch nach Einbruch der Dunkelheit lohnt ein Besuch des Kolosseums (oben). Wo früher kampferprobte Gladiatoren durch die Gänge schritten, trifft man heute auf eine Vielzahl Geschichtsinteressierter (unten). Auf Augenhöhe mit der längst eingestürzten Kolosseumsarena kann man sich vielleicht vorstellen, welch grausame Kämpfe sich hier einst abspielten (rechts).

7 Kolosseum

Das Wahrzeichen Roms

Wo Nero einst einen künstlichen See für seine Wohnstatt Domus Aurea anlegen ließ, errichtete Kaiser Vespasian ein imposantes Amphitheater aus Travertin. Der Name Colosseo aber erinnert noch immer an den wahnsinnigen Brandstifter Roms: Er leitet sich, so wird gemutmaßt, von einer 36 Meter hohen Kolossalstatue Neros ab, die in der Nähe am Ende der Via dei Fori stand.

Das Kolosseum, das eigentlich Amphitheater der Flavier heißt, weil es unter der Herrschaft zweier Kaiser dieses Geschlechts erbaut wurde, gilt als das größte geschlossene Bauwerk der römischen Antike und avaancierte als eines der größten Wunder der altrömischen Kultur zum Wahrzeichen Roms. Das Theater, dessen gewaltige Reste immer noch seinen alten Glanz erahnen lassen, wurde unter Kaiser Vespasian 72 n. Chr. begonnen und von dessen Sohn Titus acht Jahre später vollendet. Finanziert wurde der Bau vermutlich mit dem Gold aus dem geplünderten Tempelschatz Jerusalems, und 40 000 Sklaven, darunter viele jüdische Gefangene, zogen die imposanten Mauern in nur sieben Jahren hoch. 10 000 Kubikmeter Travertin wurden verbaut, die verwendeten Eisenklammern für die Steinblöcke allein wogen schon 300 Tonnen. Von den Metallklammern zeugen heute nur noch die zahlreichen Löcher in den Steinen, im Mittelalter war das Metall heiß begehrt. Kaum ein Kapitel in der Geschichte Roms nach Christi Geburt, das nicht mehr oder minder mit dem Kolosseum verknüpft ist. So sagt der Beda Venerabilis, ein angelsächsischer Benediktinermönch, der als Heiliger verehrt wird, schon im 8. Jahrhundert: »Solange das Kolosseum steht, steht Rom; fällt das Kolosseum, wird auch Rom fallen; wenn aber Rom fällt, fällt die ganze Welt«. Als nach der Normannenkatastrophe von dem klassischen und alten Rom nur noch ein Skelett übrig blieb, verfiel auch das Kolosseum. Jahrelang diente es dann als Steinbruch – das Material hätte ausgereicht, eine ganze Stadt zu bauen.

Päpstliche Rettung

Um das Vorhandene zu erhalten, errichtete Papst Benedikt XIV. Mitte des 18. Jahrhunderts eine Via Crucis und ließ ein bronzenes Kreuz im Mittelpunkt aufstellen. Doch das Kreuz, das das Amphitheater in eine geheiligte Stätte verwandelt hatte, wurde entfernt. Erst 1926 errichtete man es erneut auf dem Grund, an den die Namen zahlloser Märtyrer

Ob im Licht des späten Nachmittags oder zu anderen Tageszeiten: Allein ist man in der antiken Kampfstätte sicher nie (oben und unten). Für Lateinexperten bietet sich in Rom zuhauf Übungsmaterial (rechts oben). Vom Il Vittoriano hat man einen fantastischen Überblick über das antike Rom (rechts unten).

geknüpft sind, die umringt von rund 50 000 blutdürstigen Zuschauern die unerschütterliche Treue zu ihrem christlichen Glauben mit einem grausamen Tod bezahlt hatten. Sosehr sich die Kirche die Hinrichtung Tausender Märtyrer ans Revers heften mag, sosehr bezweifeln Historiker auch, dass es vor allem Christen gewesen sein sollen, die an diesem Ort ihr Leben lassen mussten.

Panem et circenses

Theateraufführungen, Festspiele und sportliche Veranstaltungen, bei denen man gleichzeitig Brot in die Menge der Zuschauer warf: *Panem et circenses*, »Brot und Spiele«, danach lechzte das Volk, das war die liebste Beschäftigung, der liebste Zeitvertreib der vergnügungssüchtigen Römer – allen voran die Zirkusspiele. Sie wurden vermutlich gegen Ende der republikanischen Zeit ins Leben gerufen, um den kriegerischen Geist der Römer zu wecken und wachzuhalten, der sie zum Herrn der Welt gemacht hatte. So entwickelte sich das Handwerk der Gladiatoren, die darauf trainiert wurden, sich gegenseitig zu töten, während Raubtiere jeder Art die Gräuel der *Ludi circenses* erhöhten. Der Geschichtsschreiber Lucius Cassius Dio berichtet, dass 9000 wilde Tiere in den hundert Festtagen getötet wurden, als damals das Bauwerk seiner Bestimmung übergeben wurde. Nach Beendigung der Tierhatzen wurde die Arena oft rasch mit Wasser gefüllt und Seeschlachten inszeniert. Kaiser Konstantin der Große und einige seiner Nachfolger versuchten, den Gladiatorenkämpfen ein Ende zu setzen, aber die Römer sträubten sich, sie wollten nicht auf das gewohnte Vergnügen verzichten.

Doch dann betrat eines Tages – es war zu Anfang des 5. Jahrhunderts – ein aus dem Orient stammender Mönch namens Telemachus die Arena, so berichtet eine Legende. Unerschrocken stellte er sich zwischen die beiden Gladiatorengruppen und wandte sich an die Zuschauer in den Rängen, um sie zu beschwören, von der grausamen Unterhaltung abzusehen. Spöttische Rufe erhoben sich, und schließlich wurde der Mönch sogar gesteinigt, der so zum Märtyrer der Menschlichkeit wurde. Von dem Tag an aber sollen die Spiele zum Stillstand gekommen sein.

Das Bauwerk

Das ellipsenförmige Kolosseum misst in seinem längsten Durchmesser 187 Meter, in seinem kürzesten 155 Meter, die Arena selbst 76 mal 46 Meter. Die äußeren Wände, die ursprünglich 57 Meter aufragten, setzten sich aus drei Rängen übereinanderliegender Arkadenreihen zusammen. Im ersten Rang mit dorischer, im zweiten mit ionischer und im dritten mit korinthischer Säulenordnung. Darüber erhob sich ein viertes Stockwerk, das durch Mauerblenden, korinthische Lisenen, gestützt war. Der Zutritt von außen wurde gestattet durch 80 Bogen, von denen jeweils vier auf einem großen, rundum laufenden Gang führten. Im Mittelpunkt einer Seite des Podiums befand sich der Platz des Kaisers, *suggestum* genannt, ringsherum die Plätze der Senatoren und der Mitglieder der kaiserlichen Familie. Gesonderte Plätze gab es auch für die Vestalinnen, die Tempeldienerinnen, die traditionsgemäß öffentlichen Schauspielen beiwohnten. Es folgte das *Maenianum primum*,

die Plätze der Zivil- und Militärtribunen und der *eques*, der Ritter, die den Senatoren im gesellschaftlichen Rang folgten. Das *Maenianum secundum* darüber war den wohlhabenden Bürgern vorbehalten, auf dem Eheleute jedoch nach Plätzen gesondert saßen, wie auch Jugendliche in Begleitung von Erziehern und Familien samt Dienern. Das niedere Volk musste sich schließlich mit dem obersten Sektor begnügen, dem *summum*, nur Frauen der untersten Schichten waren noch schlechter gestellt. Für sie standen Stehplätze auf einer Holzkonstruktion auf dem obersten Stockwerk zur Verfügung, das Titus aufsetzen ließ.

Das Zeltdach

Das Kolosseum war gewöhnlich nicht bedeckt, aber bei schlechtem Wetter oder großer Hitze schützte die Zuschauer ein riesiges Zeltdach. Zu dessen aufwendiger Bedienung wurden Flotten etwa aus Ravenna nach Rom kommandiert. Die Matrosen nahmen auch an den Seeschlachten teil, die in dem Amphitheater veranstaltet wurden, nachdem es mit Wasser vollgelaufen war. Auch nach vielen Zerstörungen durch Brände und Erdbeben, Vandalismus und Ausplünderung und Umbau zu einer Festung durch die Familie der Frangipani ist das Amphitheater noch immer der ganze Stolz Roms.

Kult der Soldaten und Gladiatoren

Unter Soldaten und Gladiatoren besonders verbreitet war der blutrünstige Kult des Mithras, eines Sonnengotts, den die Legionäre von ihren Kriegszügen in Persien nach Rom mitbrachten. Ein dem Mithras geweihter Altar ist heute in der Unterkirche von San Clemente unweit des Kolosseums zu sehen. Den Altar, der sich in der Mitte des länglichen tonnengewölbten Raums erhebt, ziert ein Relief mit der Gottheit, die einen Stier tötet.

LITTLE NAPOLI MITTEN IN ROM

Die neapolitanische Küche ist eine der besten und abwechslungsreichsten Italiens, und wer es noch nicht bis nach Bella Napoli geschafft hat, kann sich auch in Rom davon überzeugen: Im »Made in Sud« gibt es alles, was des Neapolitaners Gourmetherz begehrt: Holzofenpizza mit Büffelmozzarella und Basilikum, den berühmten Auberginenauflauf, *Parmigiana di melanzane*, Reisbällchen (*suppli* und *arancini di riso*) mit Ragout oder *in bianco* mit Erbsen, Schinken und Mozzarella gefüllt, und vieles mehr. Als Nachtisch seien die Biskuitteigteilchen »Babà«, in Rum oder in Limoncello getränkt, oder auch die mit Vanille gefüllten Blätterteigtaschen, *Sfogliatelle*, empfohlen.

WEITERE INFORMATIONEN

Kolosseum: Piazza del Colosseo, Tel. 06-39 96 77 00 für Voranmeldungen, geöffnet tägl. 9 Uhr–1 Std. vor Sonnenuntergang, Eintritt 12 € (inkl. Foro Romano und Palatino), www.roma-antiqua.de
San Clemente: Via Labicana 95, Tel. 06-774 00 21. Geöffnet Mo–Sa 9–12.30 Uhr und 15–18 Uhr, So 12–18 Uhr, Eintritt 5 €, www.basilicasanclemente.com
Made in Sud: Via San Giovanni in Laterano, 26, Tel. 06-70 45 49 00

Das Foro di Cesare liegt zu Füßen des Kapitolshügels (oben). Vom Foro di Augusto sind die meisten Überreste verschwunden oder überwuchert (unten). Kaum mehr als drei Säulen sind hier heute noch erhalten (rechts).

8 Kaiserforen

Bühne der imperialen Selbstdarstellung

Die Grenzen Roms wuchsen und wuchsen und mit ihnen auch der Bedarf an Stätten für Handel und Verwaltung, Gerichtsbarkeit und Götterkult. Schon im 1. Jahrhundert n. Chr. zeigte sich, dass das Forum Romanum dringend einer Erweiterung bedurfte, und so gründeten nachfolgende Kaiser die nach ihnen benannten Foren – Cäsar, Augustus, Vespasian, Nerva und Trajan.

Noch heute ist sie Archäologen ein Dorn im Auge: Mussolinis Via dei Fori Imperiali, die Italiens Duce als Paradestraße zwischen seinem Amtssitz im Palazzo Venezia und dem Kolosseum anlegen ließ. Zwar entdeckte man auf dem Areal erst durch den dafür nötigen Abriss eines Stadtviertels die antiken Überreste der Foren, doch wollte der Diktator beim Durchbrechen der Straße darauf keine Rücksicht nehmen – er sah sich selbstherrlich in der Nachfolge der antiken Kaiser. Heute allerdings gibt es Pläne, die Via dei Fori zu verschmälern, ein Teil der Grünanlagen, die die Ruinen bedecken, musste schon weichen. Vor allem das Forum des Nerva, das das nördlich anschließende Viertel der Plebejer durch einen langen, von Kolonnaden gerahmten Korridor mit den anderen Foren verband, wartet noch auf eine gezielte Untersuchung. Das Forum Transitorium, wie es wegen des Zugangskorridors auch genannt wird, wurde unter Kaiser Domitian begonnen, Kaiser Nerva weihte es dann 97 n. Chr. ein. Sein Zentrum beherrschte einst der Tempel der Minerva, Schutzgöttin des Handwerks und des Handels. Den aber ließ der Borghese-Papst Paul V. im 16. Jahrhundert abreißen, um den Marmor als Baumaterial für den Brunnen auf dem Gianicolo-Hügel zu gewinnen. Vom Tempel erhalten sind daher nur noch zwei reich verzierte korinthische Säulen der Säulenhalle, Stücke eines Gebälkfrieses und Fragmente eines Bildreliefs mit Darstellungen aus dem Mythos der Minerva, etwa ein Mädchen, das nähen und weben lernt.

Foren imperialer Vorgänger

Auch vom Augustusforum haben kaum mehr als drei Säulen den Zahn der Zeit überlebt. Diese waren Teil des Tempels zu Ehren des Mars Ultor, dem Kriegsgott als Rächer. Eingeweiht wurde er von Kaiser Augustus 2 v. Chr. zum Andenken an die berühmte Schlacht von Philippi, wo Julius Cäsars Meuchelmörder Brutus und Cassius besiegt wurden. Nach der Ermordung Cäsars hatte sich Brutus nach Makedonien begeben, und Cassius, das

Das Foro di Nerva wurde als Steinbruch missbraucht (oben). Die Via di Tor de' Conti mit der Annunziata-Kirche führt an den Foren vorbei (Mitte). Die Säulenreste gehören zum Foro di Augusto (unten). Die Trajansmärkte galten einst als Weltwunder (rechts oben). Die Trajanssäule ist 38 Meter hoch, hier soll die Asche des Kaisers ruhen (rechts unten).

Haupt der Verschwörung, nach Syrien, um Besitz von den beiden Provinzen zu ergreifen. 42 v. Chr. stießen sie nahe des makedonischen Philippi gegen das Heer unter Marcus Antonius und Oktavian, wie Augustus vor der Kaiserwürde hieß. Er gelobte, im Falle eines Sieges Mars einen Tempel zu errichten, Mars erhörte sein Flehen, und so wurde an diesem Tag mit den Mördern Cäsars abgerechnet: Brutus stieß sich das Schwert in die Brust, und Cassius befahl einem Sklaven, ihn zu töten. Und Augustus hielt sein Gelübde und erbaute den Tempel des Mars Ultor im Mittelpunkt eines neuen Forums. Später allerdings nutzten Ordensritter aus Malta und Rhodos die Ruinen für ihren Palastbau. Die Malteser fügten 1470 eine hübsche kleine Loggia hinzu. Auch der gemeuchelte Cäsar hat ein eigenes Forum, es liegt auf der gegenüberliegenden Seite der Via dei Fori Imperiali zu Füßen des Kapitolinischen Hügels. Zwischen 54 und 46 v. Chr. wurde es im Auftrag von Julius Cäsar angelegt. Er finanzierte es auch, mit der Kriegsbeute seiner Gallischen Kriege. Cäsar wollte dadurch seinen Ruhm mehren und gleichzeitig den Bedarf der Römer befriedigen, dem das alte Forum Romanum nicht mehr genügte. Doch die wenigen erhaltenen Überreste geben nur ein ungenügendes Bild einstiger Pracht wieder: Ladenzeilen, die Basilica Argentaria, Versammlungsplatz der Bankiers und Geldwechsler, und allen voran der Tempel der Venus Genetrix, der Gott gebärenden Venus, auf die die Julier ihr Geschlecht direkt zurückführten.
Jahrhunderte blieb der Venus-Tempel ein würdiges Denkmal des Ruhmes und der Macht des ersten Cäsar. Von alldem, von seiner Ausstattung, die antike Historiker so rühmten, etwa das vom berühmten griechischen Bildhauer Archesilaos gemeißelte Bildnis der Venus Genetrix und das der Kleopatra oder das Reiterstandbild des Cäsars, ist nichts geblieben.

Schönster Platz der Welt

Das eindrucksvollste der Foren war mit Sicherheit das von Trajan, das letzte, das erbaut wurde. Der Kaiser wünschte, dass sein legendärer Sieg über die Daker auf ewig im Gedächtnis blieb, und so sollte das Gelände alle anderen an Größe und Glanz übertreffen. Die Arbeiten übertrug er dem hochgerühmten Apollodorus von Damaskus, die 107 n. Chr. mit dem nötigen gewaltigen Aushub begannen – um 35 Meter Erdreich sollen abgetragen worden sein. Tatsächlich sollte das Forum zur Einweihung 143 n. Chr. zur prachtvollsten Stätte der Stadt werden, so überwältigend, dass er in der Antike als schönster Platz der Welt galt. Bibliotheken gehörten dazu, eine Ehrensäule, eine Basilika, ein Tempel, zahllose Statuen, darunter Trajans monumentales Reiterstandbild, und ein Triumphbogen. In Apollodorus' großartiger Anlage wurden schon im Mittelalter Bauten für die Papst-Familien der Colonna und Caetani errichtet. Davon zeugt heute noch die Torre delle Milizie, einem von Italiens ältesten und mächtigsten Geschlechtertürmen, unter dem, so sagt der Volksmund, Kaiser Augustus begraben liegen soll. Die 1923 begonnenen Ausgrabungen verdeutlichen die Vierergliederung des Forums. Durch den Triumphbogen von 116 n. Chr. betrat man einen offenen Platz, den Trajans Reiterstatue dominierte. Eine Seite des Platzes wurde vom

Tempel für den vergöttlichten Trajan begrenzt, die andere von der Basilika Ulpia, an die zwei Bibliotheken angeschlossen waren, eine für lateinische Schriften, eine für griechische.

Trajans Siegessäule

Von der viel bewunderten Anlage, die einen Kaiser ehrte, unter dessen Herrschaft das Imperium seine größte Ausdehnung erreichte, zeugt heute nur noch die gewaltige Marmorsäule, die Trajans Lebenswerk verherrlichte. Dass sie so unversehrt erhalten blieb, ist Papst Gregor I. zu verdanken, der sie nach einer göttlichen Vision unter seinen Schutz stellte. Auf Fürbitten des Papstes nämlich, die das Säulenrelief einer um ihren gefallenen Sohn trauernden Mutter bewirkte, wurde die Seele des Heiden Trajan erlöst. Bei der Ausgrabung seiner Asche soll Trajans Schädel unversehrt gewesen sein – und seine Zunge, die sogleich von der Freilassung des Kaisers aus der Hölle berichtet haben soll. Die 38 Meter hohe Säule, 113 n. Chr. eingeweiht, wurde im 20. Jahrhundert in einem aufwendigen Verfahren gereinigt und restauriert. Sie besteht aus 29 zylindrischen Marmortrommeln von der Insel Paros, die auf einem 200 Meter langen, sich spiralförmig hinaufwindenden Reliefband Szenen von Trajans geführten Kriegen gegen die Daker zeigen.
Fantastisch, wie lebendig die mehr als 2500 Soldaten- und Pferdefiguren dargestellt sind! Die Mühe lohnt also, die Reliefs genauer in Augenschein zu nehmen, wie es schon die alten Römer taten. Für sie war es allerdings sehr viel komfortabler, waren die Darstellungen doch von den Bibliotheken aus gut zu sehen.

DAS ERSTE EINKAUFSZENTRUM DER WELT

Mit Fug und Recht als erstes Einkaufszentrum der Welt kann man die Trajansmärkte bezeichnen. In der Antike galten sie als eines der Weltwunder, das zu bestaunen man auch von weit herkam. Mit geradezu visionärem Blick entwarf Apollodorus, der Lieblingsarchitekt von Kaiser Trajan, im 2. Jahrhundert die 150 Geschäfte und Verwaltungsbüros, die sich über vier, fünf Stockwerke hinzogen und sogar von einer Ladenstraße durchzogen waren, der Via Biberatica. Einen Besuch abstatten sollte man unbedingt auch dem Museo dei Fori Imperiali, wo jeder Raum einem der Kaiserforen gewidmet ist.

WEITERE INFORMATIONEN

Fori Imperiali: Via dei Fori Imperiali, derzeit nicht öffentlich zugänglich, doch sind sie gut von der Straße einsehbar.
Museo dei Fori Imperiali & Mercati di Trajano: Via IV Novembre 94, Tel. 06-06 08, geöffnet tägl. 9–19 Uhr, im Winter Di–So 9–17 Uhr, Eintritt 6 €, http://en.mercatiditraiano.it

Oft ist Schatten wohltuend, wie hier auf der Piazza Navona (oben), vor allem, wenn man sich ein »Tartufo« gönnt, die Eisspezialität, die bei »Tre Scalini« erfunden wurde (unten). Die barocke Fassade von Sant'Agnese beherrscht den Platz (rechte Seite oben), und Berninis Fontana dei Quattro Fiumi bildet den Mittelpunkt (rechte Seite unten).

9 Piazza Navona

Ein Platz zum Träumen

Keine andere Piazza Roms kann mit einer ähnlich aufregenden Atmosphäre aufwarten. Auf keinem anderen Platz herrscht Tag und Nacht so lebendiges Treiben. Kein anderer Ort zeigt Roms barockes Gesicht in solcher Geschlossenheit. Die Piazza Navona lädt zum Verweilen und Beobachten ebenso ein wie zum Erkunden ihrer Fassaden und herrlichen Brunnen – vor allem der berühmten Fontana dei Quattro Fiumi.

Der Platz, von dem viele Besucher behaupten, er sei der schönste Roms, ja der ganzen Welt, ist auf dem Gelände des einstigen Stadions von Domitian angelegt, dem letzten Flavierkaiser im 1. Jahrhundert n. Chr., und bewahrt das Ausmaß der antiken Sportstätte. Daher rührt seine ungewöhnlich lang gestreckte Form, der Unterbau des Stadions ist an der Südseite noch sichtbar. Mehr als 30 000 Zuschauer konnten sich bei sportlichen Veranstaltungen vergnügen, und auch für die Befriedigung anderer Genüsse war gesorgt: in den umliegenden Garküchen und Bordellen. Im Mittelalter war es dann jedoch vorbei mit dem Glanz, das Stadion verfiel zusehends, obwohl es auch weiterhin als Vergnügungsstätte bekannt blieb. Kein Geringerer als der berüchtigte Kardinal Borgia veranstaltete auf dem mittlerweile mit Schutt aufgefüllten Platz Stierkämpfe, während Papst Innozenz X. damit ganz andere Pläne hegte. Seine Idee war ein Prunkplatz, der Macht und Reichtum seiner Familie, den Pamphilj, zum Ausdruck bringen und sich ein ewig währendes Denkmal setzen sollte. Er verschönerte die Piazza mit Brunnen, und in der Hitze der römischen Sommermonate führte er Wasserspiele ein. Am Wochenende wurde der Platz geflutet, Klerus und Adel veranstalteten Regatten, während das einfache Volk im erfrischenden Nass herumplanschte. Im 19. Jahrhundert wurde dem fröhlichen Treiben jedoch ein Ende gesetzt – aus Furcht vor Malaria.

Platz der Gaukler

Dennoch wird auf der Piazza, die zu den charakteristischsten Plätzen des barocken Roms zählt, auch weiterhin für viel Unterhaltung gesorgt – zwei Jahrtausende nach seiner Entstehung. Römer wie Touristen kommen her, um sich in einem der vielen umliegenden Cafés zu entspannen, wunde Füße im kalten Wasser der Brunnen zu kühlen, ein Tartufo-Eis, berühmte Kreation des »Tre Scaline«, zu verspeisen. Oder aber das bunte Treiben zu beobachten. Denn wie ein Magnet zieht die Piazza Straßenmusiker und Pan-

Das *gelato* von »Tre Scalini« zieht immer viele Gäste an (oben). Auf der Piazza Navona: Ein Plausch unter Kollegen vertreibt die Zeit bis zur nächsten Fahrt (Mitte), und Straßenkünstler und Verkäufer geben ein buntes Bild ab (unten). Nur von außen unscheinbar – Santa Maria dell'Anima (rechts oben). Das Kircheninnere zieren Fresken und Mosaiken (rechts unten).

tomimen, Porträtisten und fliegende Händler, Magier und Artisten an, abends dann Flaneure und Nachtschwärmer. In der Weihnachtszeit indes wandelt der Platz sein Gesicht, wird beschaulicher und etwas stiller, dann, wenn hier alljährlich der Weihnachtsmarkt stattfindet – auch wenn die meist milden Wintertemperaturen mehr Lust auf ein Eis machen statt auf Glühwein.

Barockjuwel

Ihren Ruf als herausragendes Beispiel einer barocken Platzanlage verdankt die Piazza Navona Papst Innozenz X. – und dem Heiligen Jahr 1650. Denn anlässlich dieses Jubeljahres entschloss er sich zur umfangreichen Umgestaltung des einstigen Stadions. Er erweiterte den Familiensitz, den Palazzo Pamphilj, veranlasste den Neubau der den Platz dominierenden Kirche Sant'Agnese und plante vor allem den Bau einer zentralen Brunnenanlage, der Fontana dei Quattro Fiumi – des Vier-Ströme-Brunnens – wie auch zwei weiterer kleiner Brunnen am oberen und unteren Ende der Piazza: an der Südseite die Fontana del Moro, den Mohrenbrunnen, von Barockmeister Bernini und an der Nordseite die kunsthistorisch weniger bedeutende Fontana di Nettuno, den Neptunsbrunnen, der seine heutige Gestalt erst im 19. Jahrhundert erhielt.
Mit der Fontana dei Quattro Fiumi in der Mitte des Platzes vollendete das Barockgenie Gian Lorenzo Bernini 1651 eine seiner größten Schöpfungen. Der Brunnen, dessen szenischer Effekt einzigartig ist, sollte den Obelisken erhöhen, den man vom Circus des Maxentius hierher verlegte. Aus einem großen Becken wachsen Felsen, die diesen Obelisken tragen, mit höchst fantasievollen Tieren und Pflanzen empor. An den Eckpunkten thronen die Personifikationen von Ganges, Nil, Donau und Rio de la Plata – Flussgottheiten der Ströme, die zur damaligen Zeit als die größten der vier bekannten Erdteile angesehen wurden, versehen mit Flora und Fauna der jeweilig dazugehörigen Kontinente. Dabei soll der Nil sein Haupt verhüllen, weil seine Quellen noch nicht bekannt waren. Andererseits erzählt eine Geschichte, die auf den hehren Wettstreit Berninis mit seinem ebenso berühmten Konkurrenten Borromini anspielt, der Nil müsse seine Augen vor den Konstruktionsfehlern der Borromini-Kirche Sant'Agnese gegenüber dem Brunnen zudecken, wiewohl der Rio de la Plata seine Hände nach oben werfe, weil zu befürchten sei, dass das Gotteshaus einstürze. Eine amüsante Anekdote, wenn der Bau der Kirche nicht erst 1652 begonnen worden wäre …

Das Haarwunder

Die Kirche Sant'Agnese, Vorbild für viele folgende Barockkirchen, gelegen an der Westseite der Piazza, ist der Märtyrerin Agnes geweiht. Der Bau soll sich über den Fundamenten der Längsseite des Domitian-Stadions erheben, wo 304 die tiefgläubige Christin nackt der Menschenmenge vorgeführt werden sollte. Doch dann geschah ein Wunder, ihr Haar wuchs in Windeseile, und so konnte sie ihre Blöße in bodenlangem Haar verhüllen. Doch halfen alle Wunder nichts: Die Märtyrerin wurde dennoch hingerichtet – eben an der Stelle, wo Barockmeister Francesco Borromini seine Kirche entstehen ließ. Stifter war Papst Innozenz X., dessen Familiensitz sich direkt an das Gotteshaus anschließt. Über dem Eingang erinnert an ihn ein Monument von Giovanni Battista Maini (1730). Die Kirche, die mit ihrer Fassade aus konkav und konvex geschwungenen Formen, mit Giebeln, Fenstern, Säulen und Pfeilern entscheidend zur Wirkung des Platzes beiträgt, wurde 1652 von Girolamo Rainaldi begonnen, von Borromini samt Fassade ausgeführt und von Carlo Rainaldi 1672 vollendet. Einen einheitlichen Eindruck schafft auch das beschwingte Innere in Form eines griechischen Kreuzes. Die reich ausgestatteten Marmoraltäre zeigen Statuen und Reliefs von Bildhauern aus Berninis Umfeld, so die heilige Agnes auf dem Scheiterhaufen. In der Krypta findet sich eine Darstellung des »Haarwunders der heiligen Agnes«; sie stammt von Alessandro Algardis.

Die Nationalkirche der Deutschen

Gleich hinter der Piazza Navona, vorbei an Pizzerien, Eisdielen und Antiquitätenläden, liegt in einer engen Gasse versteckt ein kleines Schmuckstück, das vor allem für die deutschsprachigen Touristen von größerer Bedeutung ist: Santa Maria dell'Anima, Nationalkirche der Deutschen. Die nach Rom pilgernden Gläubigen sollten in der Papststadt eine Heimstätte vorfinden, Pilgerhospiz und Kirche, die für ihre Nation reserviert war. So entstand Anfang des 16. Jahrhunderts auch eine Nationalkirche für die Deutschen, die heute Gemeindekirche der deutschen Katholiken in Rom ist. Das Innere des kleinen, aber doch sehr hohen Hallenbaus ist reich geschmückt, und viele bedeutende Persönlichkeiten des Römischen Reiches Deutscher Nation fanden hier ihre letzte Ruhestätte.

RÖMISCHE STADTANSICHTEN

Am hinteren Teil der Piazza Navona, Ecke Via Cuccagna, befindet sich seit 1952 im Palazzo Braschi das Museo di Roma. Der Palazzo wurde Ende des 18. Jahrhunderts für Luigi Braschi Onesti, einem Neffen von Papst Pius VI., errichtet. Die Neorenaissance-Fassade von Cosimo Morelli birgt auch vom Klassizismus inspirierte Elemente. Höhepunkt ist der Treppenaufgang, der von Giuseppe Valadier Anfang des 19. Jahrhunderts fertiggestellt wurde.
Im Mittelpunkt stehen Roms Geschichte und Kultur zwischen dem 16. und 20. Jahrhundert. Gemälde von Künstlern wie Pompeo Batoni, Joshua Reynolds und Pierre Subleyras, die während des 18. Jahrhunderts in Rom gewirkt haben, sind herausragende Beispiele für den zeitgenössischen Kunststil der Stadt. Den Stadtansichten von Ippolito Caffi aus der Mitte des 19. Jahrhunderts ist ein eigener Raum gewidmet.

WEITERE INFORMATIONEN

Sant'Agnese: Piazza Navona, geöffnet Di–So 9.30–12.30 Uhr

Santa Maria dell'Anima: Via di Santa Maria dell'Anima, geöffnet tägl. 9–12.45 und 15–19 Uhr

Museo di Roma: Piazza San Pantaleo, 10, geöffnet Di–So 10–20 Uhr, Eintritt 7,50 €

Auch in der Metropole Rom kennt und schätzt man seine Nachbarn, wie hier in der Via dei Pettinari (oben). Frisch und knackig ist das Gemüse auf dem Campo de' Fiori (unten). Zwischen den Marktständen ist der »Ape« der perfekte Kleintransporter (rechte Seite oben). Ab Mittag lädt der malerische Platz zum Flanieren ein (rechte Seite unten).

10 Campo de' Fiori und Palazzo Farnese

Der Bauch von Rom

Am schönsten ist der Platz vormittags, wenn täglich der farbenfrohe Blumen- und Lebensmittelmarkt abgehalten wird. Seit der Renaissancezeit ist er Besuchermagnet – zum Gucken, zum Einkaufen, zum Essen oder Ausgehen. Das fröhliche Treiben zwischen alten Fassaden, improvisierten Dachgärten und bunten Pflanzenbalkonen lässt fast die düstere Vorgeschichte der Piazza vergessen.

In der Mitte des Platzes gemahnt ein Giordano-Bruno-Denkmal an den ursprünglichen Zweck, an seine dunkle Vergangenheit als Hinrichtungsstätte unter der Herrschaft der Päpste. Prominentestes Opfer päpstlichen Wahnsinns war der italienische Mönch, der von der Inquisitionsbehörde der Häresie für schuldig befunden wurde. Seine These von der unendlichen Welt und vor allem sein Zweifel an der göttlichen Ordnung im Kosmos wurden ihm zum Verhängnis. Denn er war keinesfalls bereit, seine Lehre zu widerrufen. So wurde er zum Tode verurteilt und am 17. Februar des Heiligen Jahres 1600 auf dem Scheiterhaufen auf dem Campo de' Fiori verbrannt. Seine letzten Worte, die er an die Vertreter der Kirche gerichtet haben soll, waren unerschütterlich: »Ihr, die ihr meine Verurteilung verkündet, habt mehr Angst als ich, der sie entgegennimmt.« Dass sein fester Glaube mit einem Denkmal schließlich doch noch zumindest symbolisch honoriert wurde, dauerte allerdings noch fast 300 Jahre, bis zur Einigung Italiens 1889, als der Teil Roms nicht mehr zum Kirchenstaat zählte. Die Medaillons unter seinem bronzenem Konterfei tragen weitere Namen von der Kirche als Ketzer verurteilter Männer wie der Reformer Erasmus von Rotterdam, Johann von Wiclif oder Jan Hus. Trotz allem gibt es zum Vatikan noch eine andere Verbindung, eine viel freundlichere. Als die Päpste aus ihrem Exil in Avignon zurückkehrten, wurde der Campo eine bedeutende Durchgangsstation auf dem Weg zur Peterskirche. Pilgerunterkünfte und Tavernen schossen wie Pilze aus dem Boden, und noch heute heißt die Straße Richtung Vatikan Pilgerstraße, Via del Pellegrino.

Das Blumenfeld

Seit 1869 hat der Campo de' Fiori, das »Blumenfeld«, eine viel lebensfrohere Bestimmung. Seit damals ist es jeden Mor-

CHUBB
Salsamenteria
RUGGERI
Vini Liquori
Burro e Formaggi
Specialità Estere

Römische Brunnen wie am Campo de' Fiori liefern bestes Trinkwasser (oben). Die Via dei Baullari führt vom Markt zum Palazzo Farnese (Mitte). Am Largo dei Librari sitzt man gemütlich (unten). Die Delikatessen der »Salumeria Roscioli« machen Appetit (rechts oben). Die Brunnen vor dem Farnese-Palast (unten rechts) stammen aus den Caracalla-Thermen.

gen außer sonntags möglich, frisches Obst und Gemüse, Blumen und auch Fisch zu erstehen. Lauthals preisen die Händler ihre Waren an, und womöglich kann man dem einen oder anderen ein Geheimnis der italienischen Küche entlocken oder über die wichtigste Nebensache der Welt, den Fußball, diskutieren. Auch wer nicht einkaufen will, kommt hierher, beobachtet das Geschehen von einem der Cafés in den umliegenden Häusern aus. Wo sonst gibt es solch herrliches Theater *all'italiana* zu sehen! Mittags wandelt sich das Gesicht des Campo, Kehrmaschinen und Besen säubern ihn für die nachmittägliche und abendliche Nutzung, wenn Hundertschaften von jungen Leuten den Platz okkupieren – am besten mit einem Glas Wein oder Bier in der Hand.

Volksseele

Auch wenn oft das Gegenteil behauptet wird: Auf dem Campo de' Fiori kann man noch immer echte römische Volksseele erleben wie kaum irgendwo sonst in der Stadt. Das liegt vielleicht daran, dass er einer der wenigen Plätze ist, der nicht unmittelbar mit einer bestimmten Patrizierfamilie verknüpft ist. Das einzig erwähnenswerte Wohnhaus direkt am Platz ist der Palazzo Pio Righetti, von dem streng die Wappenadler von den Giebeln der Fenster herabblicken. Leider ist das malerische Haus nicht öffentlich zugänglich. Interessant sind einige Gebäude aus der nahen Umgebung des Campo. So findet man in der Via Biscione das Hotel del Sole, Roms älteste Herberge, und unweit davon im Haus Nr. 13 – an der Ecke der Via Cappellari und des Vicolo del Gallo – führte Vanozza Cattanei die Taverne La Vacca. Erwähnenswert ist das, weil die schöne Wirtin jahrelang die Geliebte von Borgia-Papst Alexander VI. war, der mit ihr Tochter Lucrezia zeugte.

Der Palazzo Spada

Einen Katzensprung entfernt liegt der Palazzo Spada, heute Sitz des italienischen Staatsrats. Er wurde Mitte des 16. Jahrhunderts von Giulio Mersi da Caravaggio im Auftrag des Kardinals Girolamo Capo di Ferro errichtet. Später, als er in den Besitz von Kardinal Spada überging, restaurierte der Barockmeister Francesco Borromini das Anwesen. Der Palazzo weist eine architektonische Besonderheit auf: Als Verbindung zweier Höfe wurde eine perspektivische Kolonnade angelegt, d.h. zwei Säulenreihen mit kassettiertem Tonnengewölbe, die durch Verkleinerung der Maße am Ende des Gangs Tiefe vortäuschen. Auch die Fassade ist sehenswert, acht Statuen berühmter Römer, darunter Trajan, Pompejus, Romulus, Cäsar und Augustus. Das Palastinnere weist eine reiche Stuckdekoration auf, die in einem der Räume aufgestellte Pompejus-Statue soll jene sein, an der Julius Cäsar von Brutus erdolcht wurde. Die Galleria Spada mit Exponaten von Guido Reni, Tizian oder Jan Breughel lohnt ebenfalls einen Besuch, auch wenn die Sammlung nicht zu den bedeutendsten der Stadt zählt.

Palazzo Farnese

Viel exklusiver ist da der Palazzo, der Gegensatz zur Volkstümlichkeit des Campo de' Fiori direkt dahinter könnte kaum größer sein. Auch die Noblesse der Piazza Farnese davor mit der symme-

trischen Brunnenanlage und ihren massiven Granitwannen aus den Caracalla-Thermen zeugt von ganz anderer Atmosphäre und dient nur als Bühne für den mächtigen Palazzo Farnese, der den Platz dominiert. Er ist Roms größtes Privatdomizil und als Gipfel der Renaissance-Baukunst Vorbild für viele bis ins 20. Jahrhundert nachgefolgten Palazzi.
Alessandro Farnese hat es in Auftrag gegeben, noch bevor er als Papst Paul III. in die Geschichte einging, wie auch als Kirchenoberhaupt, das drei Kinder zeugte. Mit diesen, seiner Gespielin Silvia Ruffini und einem 300-köpfigen Hofstaat residierte er hier, auch als großer Kunstmäzen und unermüdlicher Kunstsammler. Den Auftrag ausgeführt hat Antonio da Sangallo der Jüngere, der jedoch vorzeitig verstarb, sodass die Arbeiten von Michelangelo fortgeführt werden mussten. Den Bau abgeschlossen hat jedoch 1580 Giacomo della Porta. Da der Palast später an die Bourbonen fiel, ist er heute höchst repräsentativer Sitz der französischen Botschaft. Das Äußere, das zum Inbegriff römischer Palastarchitektur wurde, beeindruckt durch seine majestätische, quaderartige Gliederung mit zurückhaltenden schlichten geometrischen Formen. Die fast 50 Meter breite Fassade ist in drei deutlich voneinander abgesetzte Stockwerke gegliedert, die von den Fenstern beherrscht wird. Nichts könnte verändert, hinzugefügt oder weggelassen werden, ohne die Vollkommenheit des Gesamteindrucks zu mindern. Den Innenhof des Palazzos weist die architektonische Säulenordnung der Antike auf, im ersten Geschoss dorische Kapitelle, im zweiten ionische und im dritten korinthische. Die Besichtigung der Galleria Farnese sollten Sie sich keinesfalls entgehen lassen. Die prächtigen und farbenfrohen Fresken von Annibale und Agostino Carracci mit dem zentralen Bild »Der Triumph von Bacchus und Ariadne« gelten als Initialwerke der Barockmalerei.

DAS WOHNZIMMER DER FEINSCHMECKER

Roms berühmtester Koch ist der bayerische Drei-Sterne-Chef Heinz Beck aus Altötting, dessen Restaurant »La Pergola« sich im »Cavalieri Waldorf Astoria« befindet. Viele seiner Wurst- und Käsewaren bezieht der Spitzenkoch von der »Salumeria Roscioli« nahe dem Campo' de Fiori. Nicht nur »Culatello«, »Bresaola« und »Caciocavallo« kann man hier einkaufen oder zu einem Glas Wein verkosten, auch Heinz Becks bevorzugtes Pastagericht »Cacio e Pepe« (dicke Spaghetti mit Pecorino und Pfeffer) wird hier nach traditioneller Art zubereitet. Das Sommergericht Büffelmozzarella mit Datteltomaten und Basilikum schmeckt in den urigen Räumlichkeiten der stets gut gefüllten *salumeria* besonders gut.

WEITERE INFORMATIONEN

Palazzo Spada: Via Capi di Ferro 13, Tel. 06-686 11 58, geöffnet Di–So 8.30–19.30 Uhr, Eintritt 5 €, www.galleriaborghese.it
Palazzo Farnese: Tel. 06-68 89 28 18; nur geführte Besuche möglich. Führungen Mo und Do 15, 16 und 17 Uhr, Eintritt frei, www.ambafrance-it.org
Salumeria Roscioli: Via dei Giubbonari, 21, Tel. 06-687 52 87, geöffnet Mo–Sa 7–19.30 Uhr, www.salumeriaroscioli.com

11 Santa Maria in Cosmedin und Bocca della Verità

Kirchenkunst und Wahrheitsfindung

Mit ihrem stolzen Campanile ist sie das vielleicht schönste Beispiel mittelalterlicher Kirchenbaukunst der Stadt: Santa Maria in Cosmedin am Rande des ehemaligen Forum Boarium. Viele Besucher zieht es aber vor allem wegen der Bocca della Verità hierher, die im Atrium des Gotteshauses zu finden ist, um den Wahrheitsgehalt einer alten Legende zu überprüfen.

Ob die Bocca della Verità jemals »zugebissen« hat (oben)? Das Mittelschiff von Santa Maria in Cosmedin (unten). Portunus, dem dieser rechteckige Tempel geweiht ist, war der Gott der Flüsse und Häfen (rechts oben). Im 5. Jahrhundert wurde die zentrale Verwaltungsstelle für Getreide in die Kirche Santa Maria in Cosmedin verwandelt (rechts unten.)

Die Wurzeln des Bauwerks unweit des Tiberufers, das unter anderem über den Ruinen eines antiken Herkulestempels errichtet wurde, wo Geschäftsleute bei glücklicher Rückkehr von einer Reise der aus dem griechischen Olymp entlehnten Gottheit opferten, reichen bis in die Spätantike beziehungsweise byzantinische Zeit zurück.
1899 von allem barocken Zierrat befreit, atmet besonders die Fassade heute wieder jene majestätische Schlichtheit des ursprünglichen Entwurfs – zumindest so wie das späte 19. Jahrhundert ihn verstand.
Wie so oft, wurden auch in Santa Maria in Cosmedin beim Bau Überreste antiker Gebäude an gleicher Stelle in die Konstruktion einbezogen. So sind einige der imposanten Säulen Residuen einer Halle, in der die *Statio Annonae* untergebracht war. Eine von mehreren über die Stadt verteilten Stellen, in denen täglich kostenlos Getreide an das Volk ausgegeben wurde. Dieser Einrichtung stand der bestbezahlte Beamte des gesamten Imperiums vor: der Curator Annonae. Er war verantwortlich dafür, dass die Versorgung des urbanen Molochs mit Lebensmitteln nie zum Stillstand kam und überwachte insbesondere die römische Getreideflotte, die das lebensnotwendige Grundnahrungsmittel aus den reichen Kornkammern Ägyptens in die Hauptstadt brachte.

Recycling mal anders

Etwa im 5. Jahrhundert mauerte man die Zwischenräume der Säulen zu und weihte das Bauwerk der Jungfrau Maria. Es wurde damals aber aufgrund seiner Lage im Quartier der griechischen Händler und Kaufleute noch Santa Maria in Schola Graeca genannt. Mit der Zuwanderung zahlreicher Griechen während der Unruhen im Zuge des byzantinischen Bildersturms wurde die Kirche 772 nach dem Abriss des benachbarten Tempels

des Hercules Pompeianus deutlich vergrößert und eine Apsis angebaut. Daneben ließ Hadrian wertvolle Mosaiken anbringen. Mit dem Umbau erhielt das Gotteshaus auch seinen heute gebräuchlichen Namen.
Von 1118 bis 1124 wurde das bei einem Normannensturm schwer beschädigte Gebäude unter dem Pontifikat von Calixtus II. und Gelasius II. grundlegend restauriert und der Campanile errichtet – der höchste mittelalterliche Kirchturm der Stadt. Im Inneren der Kirche ziehen neben prachtvollen Fresken eine herrliche Marmorkanzel und ein mit Löwenköpfen bewährter Presbyterthron die Besucher an. Doch die Kirche ist auch ein beliebter Wallfahrtsort für Verliebte, schließlich werden in einer Seitenkapelle des linken Seitenschiffs die Reliquien des heiligen Valentin verwahrt.

Der Mund der Wahrheit

Doch zurück zur Hauptattraktion von Santa Maria in Cosmedin, der Bocca della Verità – Mund der Wahrheit. Dabei handelt es sich um eine gewaltige Scheibe aus feinkörnigem, hellgrauem Pavonazzetto-Marmor mit einem Durchmesser von knapp zwei Metern und mehr als einer Tonne Gewicht, die vielleicht früher einmal als Abdeckung eines Brunnens oder Abwasserkanals der unweit von hier gelegenen Cloaca maxima gedient hat. Anderen Theorien zufolge war die Scheibe hingegen früher ein Teil des großen Herkulesaltars der Ara Maxima Herculis.
Dargestellt ist darauf wahrscheinlich das Haupt eines Fluss- oder Meeresgotts, der seinen Mund weit aufgesperrt hat. Seit Jahrhunderten gilt dieser Schlund als Wahrheitsorakel: Eine Legende besagt, das marmorne Idol beiße jedem Lügner oder Meineidigen, der seine Finger in die Mundöffnung steckt, die Hand ab. Trotzdem stehen die Touristen davor Schlange. Zwar ist nicht bekannt, dass der grimmig dreinblickende Herr diese Drohung jemals wahr gemacht hätte, aber selbst rational denkende Menschen beschleicht ein mulmiges Gefühl, wenn sie ihre fünf Finger in den Rachen schieben. Man weiß ja nie …

KULTSTÄTTEN DER ANTIKE

Nicht weit von Santa Maria in Cosmedin entfernt erheben sich zwei hervorragend erhaltene kleine Tempel, die ebenfalls zu Kirchen umfunktioniert wurden und vermutlich nur deshalb überlebt haben. Der Tempel des Portunus, der dem Gott der Häfen geweiht war, allerdings als Tempel der Fortuna Virilis bekannt ist, erinnert an den von frühester Zeit bis ins 2. nachchristliche Jahrhundert südlich des Forum Holitorum gelegenen Flusshafen von Rom. Von Trajan stillgelegt, wurde er später mit Lagerhäusern überbaut. Im Inneren des in christlicher Zeit zunächst Santa Maria de Gradellis und später Santa Maria Egiziaca genannten Gebäudes gibt es äußerst sehenswerte Wandmalereien aus dem 9. Jahrhundert.
Nur wenige Meter daneben liegt ein ebenfalls hervorragend erhaltenes Tempelgebäude, das dem Hercules Olivarius, dem Schutzgott der Ölhändler, geweiht war. Der wunderschöne Rundtempel ist der älteste in Rom erhaltene Marmorbau.

WEITERE INFORMATIONEN

Santa Maria in Cosmedin: Piazza della Bocca della Verità, 18, geöffnet tägl. 9–13 und 15–18 Uhr

Das ehemalige jüdische Ghetto zählt zu den malerischsten Vierteln Roms (oben). Spezialität ist hier »Carciofo alla giudia«, Artischocken nach jüdischer Art (unten). Am Rande des Ghettos liegt das gut erhaltene halbrunde Teatro di Marcello (rechts oben), davor die Säulen des Tempels des Apollo Sosianus (rechts unten).

12 Jüdisches Viertel

Ghetto am Tiber

Seit über 2000 Jahren leben Juden in Rom, als Sklaven nach den Judäischen Kriegen, doch auch als Kaufleute. Zu ersten Problemen kam es, als das Christentum Staatsreligion des Römischen Reichs wurde. Das Ghetto aber wurde erst im Zuge der Gegenreformation in der Nähe vom Campo dei Fiori eingerichtet, wo es am Sabbat noch heute ruhiger zugeht als an den anderen Tagen.

Roms jüdische Gemeinde ist eine der ältesten, dauerhaft bestehenden der Welt. Die römischen Juden sind stolz darauf, dass ihre Gemeinde weder auf Aschkenasim noch Sephardim zurückgeht, da sie schon vor der Zerstörung der Synagoge in Jerusalem 70 n. Chr. existierte. Dadurch erhielten sie einige Ausnahmeregelungen, beispielsweise dürfen sie zum Passahfest Lamm essen, was anderen Gemeinschaften verboten ist. Bis zur judenfeindlichen Bulle von Papst Paul IV. vom 12. Juli 1555 lebten die Juden in Trastevere oder auf dem Aventin-Hügel in einem äußerst toleranten Klima. Doch schon ein Jahr später mussten sie sich mit einem Gebiet abfinden, das weniger als drei Hektar groß war. Fast 300 Jahre galt diese Anordnung, die einem generell wachsenden Antisemitismus zuzuschreiben war, aber auch dem zunehmenden Einfluss der Eiferer der Gegenreformation, die durch die Kirchenspaltung ausgelöst wurde. Um die päpstliche Macht sichtbar zu stärken, forderten diese gerade in Rom, im Zentrum des katholischen Glaubens, ein abgeschlossenes Viertel, wie es Venedig bereits besaß; die »Serenissima« hatte als erste Stadt überhaupt ein Ghetto – angeblich zum Schutz der Juden – eingerichtet. Doch viele der Juden, darunter vor allem die Kaufleute, waren ohnehin in das Viertel nahe am Hafen gezogen, denn dort schlug das Herz des Handels. Die Isola Tibertina gegenüber des Lungotevere trug daher den Namen Pons Judaeorum, und die Piazza delle Cinque Scuole am Palazzo Cenci, nach den fünf jüdischen Schulen und ihren Synagogen benannt, hieß bei allen nur Piazza Giudea.

Zeichen der Versöhnung

Von den kleinen Synagogen ist nichts erhalten, heute ist die neue 1904 eingeweihte Synagoge Wahrzeichen des Viertels. Das imposante Bauwerk wurde im assyrisch-babylonischen Stil errichtet, und ihre große silbergraue Kuppel ist weithin sichtbar. Ihr stattete Papst Johannes Paul II. 1986 einen Besuch ab – der

Die Synagoge von 1904 ist Wahrzeichen des Ghettos (oben). Überall finden sich Reliefs an den Gebäuden (Mitte). Auf dem schönsten Platz des Ghettos erhebt sich der Schildkrötenbrunnen (unten). Wo man hinsieht, wird im Ghetto koscher getafelt, wie in der Via Portico d'Ottavia (rechts unten). Wie wäre es mit Dolce Roma? (rechts oben).

erste päpstliche Besuch einer Synagoge überhaupt – und schrieb mit diesem Zeichen der Versöhnung Geschichte. Das päpstliche Edikt von einst verbot es den Juden, in einem anderen Viertel zu wohnen, wie ihnen auch bestimmte Berufe verwehrt waren – schlicht, um sie als Konkurrenten der christlichen Bevölkerung in Handel und Handwerk auszuschalten. Sie waren sogar gezwungen, an den katholischen Messen der Franziskaner teilzunehmen, die bewusst auf den Sabbat gelegt wurden – eine Praxis, die erst 1848 aufgegeben wurde. Vom Gottesdienstzwang konnte man sich zwar freikaufen, manche Gemeindemitglieder begnügten sich aber auch damit, sich – viel kostengünstiger – wachsgetränkte Wattebäusche in die Ohren zu stopfen, wenn sie der Messe in Sant'Angelo in Peschiera folgen sollten – jener Kirche, nach der das Ghetto-Viertel, Roms kleinster Bezirk, heute benannt ist.

Eine Welt für sich

Das abgezirkelte Gebiet erstreckte sich zwischen Tiberufer, Marcellus-Theater und der Via del Portico d'Ottavia und ist auch heute noch eine Welt für sich. 6000, 7000 Menschen drängten sich im 17. und 18. Jahrhundert in dem heillos überbevölkerten Ghetto, das mit Mauern umschlossen war. Die Tore, von denen keines erhalten ist, wurden bei Tagesanbruch geöffnet und nach Sonnenuntergang wieder verriegelt. Erst mit der Einigung Italiens zu einer Nation unter Garibaldi und der Auflösung des Kirchenstaats 1870 fielen die Mauern. Die Juden erhielten das volle Bürgerrecht, und mit neuem Selbstbewusstsein entstand die neue Synagoge. Doch schon bald zogen erneut dunkle Wolken auf, die ihr Leben überschatteten. Das war 1938, als Italiens Diktator Benito Mussolini nach einem Staatsbesuch Adolf Hitlers die Rassengesetze einführte, die den Juden wieder den Zugang zu Schulen, zum Militär oder öffentlichen Ämtern verwehrten. Zum düstersten Kapitel Italiens zählt die Deportation von über 2000 Juden durch die Gestapo während der deutschen Besetzung – sie erfolgte unter dem Stillschweigen des deshalb umstrittenen Papstes Pius XII. Pacelli. Nicht einmal ein Prozent der Verschleppten kehrte zurück. Mittlerweile leben in der Stadt wieder geschätzte 15 000 Juden, davon aber nur ein paar Hundert im einstigen Ghetto. Zu sehr sind dort die Preise durch voranschreitende Gentrifizierung in die Höhe geschossen, wie dies in zentraler Citylage auch andernorts so oft geschieht.

Malerische Bausubstanz

Zu den stimmungsvollsten Winkeln des Rione Sant'Angelo zählt die Via del Portico d'Ottavia. Sie ist das Herz des einstigen Ghettos. Viele kleinere und größere Geschäfte versorgen die Gemeinde mit koscheren Lebensmitteln und Devotionalien. Andere Händler wiederum betreiben alteingesessene Läden mit Textilien oder Kurzwaren, Branchen, die den jüdischen Bewohnern neben Bank- und Kreditgeschäften und Pfandhäusern erlaubt waren. Ein Großteil der alten Bebauung musste nach der Einigung Italiens weichen, doch entlang der reizenden Via Reginella oder der Via Portico d'Ottavia hat sich noch viel der malerischen Bausubstanz erhalten. Besonders interessant ist das Haus des Lorenzo Manilio, das der

Bauherr im 15. Jahrhundert ganz im Sinne der Renaissance verzieren ließ. Originalreliefs wie auch Bruchstücke antiker Sarkophage wurden in die Fassade eingebaut, und die lateinische Inschrift auf der antikisierenden Gedenktafel gibt das Baudatum – nach altrömischer Art 2221 Jahre nach Gründung der Stadt – und den Namen des Hausherrn an. Die Via Portico d'Ottavia verdankt ihren Namen jenem Portikus, den Kaiser Augustus 27 v. Chr. seiner Schwester widmete. Er umschloss Tempel und Bibliotheken und verband das nahe Marcellus-Theater mit dem des Pompejus. Im 8. Jahrhundert integrierte man in einen Teil des Säulengangs Sant'Angelo in Peschiera, die Kirche mit Zwangsgottesdiensten für Juden, deren Beiname auf den seit der Antike bestehenden Fischmarkt zurückzuführen ist. Eine der anderen vier Kirchen mit Zwangspredigten der Franziskaner ist San Gregorio della Divina Pietà. Sie liegt direkt gegenüber der neuen Synagoge, die wegen ihres aufschlussreichen Museums über die jüdische Geschichte Roms einen Besuch lohnt.

Kleinod der Brunnenarchitektur

Zu den Höhepunkten im Viertel gehört die Fontana delle Tartarughe, für viele Römer einer der schönsten Brunnen der Stadt. Errichtet wurde er zwischen 1581 und 1588 von der Familie Mattei, die damit die Piazza vor ihrem Palast verschönerte. Der Entwurf stammt zwar von Giacomo della Porta, doch seine Grazie und seinen Charme verdankt er Taddeo Landisi und dessen vier bronzenen Jünglingsstatuen, die mit ihrem Fuß auf dem Kopf eines Delfins balancieren. Die namensgebende Schildkröte kam erst ein Jahrhundert später hinzu, ihr Schöpfer ist allerdings unbekannt.

KOSCHERE LECKERBISSEN

Zu den vielen koscheren Spezialitäten, die es im Viertel zu verkosten gibt – ob bei Piperno, bei Giggetto oder in der Taverne del Ghetto – gehören auch *Carciofi alla giudia*, die frittierten Blütenköpfe der Artischocken. Eine Institution ist die Konditorei und Bäckerei Boccione: Den herrlichen Leckerbissen, die aus dem hiesigen Ofen »entspringen«, erliegt selbst Papst Benedikt XVI. regelmäßig. In einem Dankschreiben verriet er seine Vorliebe für die »jüdische Pizza«, ein Gebäck aus Mandeln, Pinienkernen und Rosinen.

WEITERE INFORMATIONEN

Museo Ebraico di Roma – Sinagoga Nuova: Lungotevere Cenci 15, Tel. 06-68 40 06 61, geöffnet Juli und Aug. So–Do 10–19 Uhr, Fr 9–16 Uhr, Sept.–Juni So–Do 10–17 Uhr, Fr 9–14 Uhr, Eintritt 10 €, www.museoebraico.roma.it

Piperno: Monte dei Cenci 9, Tel. 06-68 80 66 29, www.ristorantepiperno.it

Giggetto: Via Portico d'Ottavia, Tel. 06-686 11 05, www.giggettoalportico.it

Taverna del Ghetto: Via Portico d'Ottavia 8, Tel. 06-68 80 97 71, www.lataverna delghetto.com

Forno Boccione: Via Portico d'Ottavia 1, Tel. 06-687 86 37

Die Spiegelgalerie in der Galleria Doria Pamphilj zeichnet ein beeindruckendes Bild des römischen Adels (oben). Ruhe vor dem Trubel des Zentrums findet man in der eleganten Residenza di Ripetta (rechte Seite oben). Unbedingt sehenswerte Kunstsammlung: der Salone del Poussin der Galleria Doria Pamphilj (rechte Seite unten).

13 Galleria Doria Pamphilj

Kunstsammlung der Extraklasse

Der Palazzo Doria Pamphilj an der belebten Via del Corso ist nicht nur Roms größter Palast, der sich noch heute in Familienbesitz befindet, sondern in seinem Innern erwartet Besucher auch eine der bedeutendsten privaten Kunstsammlungen der Welt, die Meisterwerke aus Mittelalter, Renaissance und Barock vereint, vergleichbar nur mit den Kunstschätzen der Familie Colonna.

Das Adelsgeschlecht der Doria-Pamphilj-Landi, zu dem auch die Familie Aldobrandini gehört, spielte in der Geschichte der Ewigen Stadt und ganz Italiens über viele Jahrhunderte hinweg eine herausragende Rolle. So war es Admiral Andrea Doria, der Karl V. die Unabhängigkeit der Republik Genua abtrotzen konnte, und Giovanni Andrea Doria hat in der Schlacht von Lepanto im Jahr 1571 gegen die türkische Flotte gekämpft. Unsterblich gemacht hat die Familie aber erst Kardinal Giovanni Battista Pamphilj, besser bekannt als Papst Innozenz X., dessen berühmtes Porträt aus der Hand von Diego Velázquez heute als Höhepunkt der Sammlung gilt. Es nimmt einen Ehrenplatz ein im separaten Papst-Kabinett, das auch zwei Marmorbüsten von Gian Lorenzo Bernini enthält, die den Pontifex maximus in heroischer Pose darstellen.

Sammeln aus Leidenschaft

Beinahe alle Mitglieder des weitverzweigten Geschlechts teilten zum Glück für die Nachwelt eine ähnlich große Liebe zu Malerei und Bildhauerkunst wie der kunstsinnige Innozenz. Der hinterließ seine Schätze, die den Grundstock der heutigen Sammlung bilden, nach dem Tod seinem Neffen Camillo, der damals den Palazzo bewohnte. Seine Frau Olimpia Borghese, geborene Aldobrandini, hatte diesen in die Familie eingebracht. Besuchern verschlägt es beim Betreten der prunkvoll ausgestatteten Räume noch heute fast den Atem angesichts einer hart ans Kitschige grenzenden Prachtentfaltung.

Im Lauf der Jahrhunderte wurde das Anwesen, das nicht mit dem päpstlichen Palazzo Pamphilj an der Piazza Navona zu verwechseln ist, mehrfach umgebaut. So wurden zum Beispiel 1767 die Decken mit kunstvollen Fresken von Stefano Pozzi, Crescenzio Onofri und Aureliano Milani ausstaffiert, während die Fassade zur Via del Corso in ihrer heutigen Form auf einen Entwurf von Gabriele Valvassori zurückgeht, der zwischen 1730 und 1735 realisiert wurde.

Der Hauptteil der Sammlung, die neben Werken der bildenden Kunst auch prachtvolles Mobiliar und zahlreiche kunsthandwerkliche Objekte umfasst, ist in vier umlaufenden, aufwendig mit Vergoldungen und reich mit Malereien und Stuckarbeiten geschmückten Galerien untergebracht, die sich rund um den hübschen Innenhof mit Renaissancearkaden ziehen. Daneben sind noch mehrere Prunkräume und die kleine Hauskapelle, die als besonderes makaberes Ausstellungsobjekt die mumifizierte Leiche des Familienheiligen birgt, zu besichtigen.

Höhepunkte der Kunstgeschichte

Es fällt schwer, aus diesem Gesamtkunstwerk einige besondere Werke herauszugreifen. Zu den Höhepunkten gehören aber sicherlich Tizians »Salomè« und Caravaggios frühes Meisterwerk »Flucht nach Ägypten«, die sich beide im Aldobrandini-Zimmer befinden. In letztgenanntem Bild schwingt, trotz des biblischen Sujets, jene bei Caravaggio so oft spürbare homoerotische Komponente mit: Die Pose, in der sich hier der Engel Joseph präsentiert, kann nicht anders als lasziv bezeichnet werden. Und was der zarte Umhang des Knaben vor den Augen des Betrachters noch verhüllt, ist Josephs Blicken ohne Schutz ausgeliefert. Unbedingt sehenswert sind auch Guido Renis »Kämpfende Putti« in der im chinesischen Stil ausgestatteten Aldobrandini-Galerie. Das Bild war früher unter dem Titel »Kampf der Putti mit den Amoretten« bekannt, wobei die dunkelhäutigen Putti das einfache Volk, die hellhäutigen Amoretten dagegen den Adel symbolisieren. Und wie es aussieht, hat der Adel bei dieser Auseinandersetzung schlechte Karten, weshalb das Bild oft als Allegorie sozialen Unfriedens gedeutet wurde.

DES GEHEIMRATS WOHNZIMMER UND KLÖSTERLICHE RUHE

Wer nach dem Besuch der Galleria Doria Pamphilj noch Lust zu einem Bummel über die Via del Corso hat, kann sich auf die Spuren Johann Wolfgang von Goethes begeben: Am nördlichen Ende liegt die ehemalige Wohnung des mit dem Dichterfürsten befreundeten Malers Johann Heinrich Wilhelm Tischbein, bei dem Goethe von 1786 bis 1788 zu Gast war. Das Haus trägt heute den Namen Casa di Goethe. Neben Schriftstücken, Büsten und Porträts beeindrucken vor allem die Zeichnungen Goethes und Tischbeins.
Fürstlich wohnen lässt es sich unweit in der »Residenza di Ripetta«, einem Vier-Sterne-Haus, das in den Gemäuern eines Klosters untergebracht ist. Besonders reizvoll: der begrünte Innenhof mit Frühstückssalon und Bar unter freiem Himmel.

WEITERE INFORMATIONEN

Doria Pamphilj: Piazza Grazioli, 5 (Eingang über Via del Corso, 305), geöffnet tägl. 10–18 Uhr, Eintritt 10,50 €, www.doriapamphilj.it, www.dopart.it
Casa di Goethe: Via del Corso, 18, Tel. 06-32 650 412, geöffnet Di–So 10–18 Uhr, Eintritt 4 €, www.casadigoethe.it
Residenza di Ripetta: Via di Ripetta, 231, Tel. 06-323 11 44, www.royaldemeure.com

Die Tiberinsel ist zwar nicht groß, dennoch findet man dort eine Piazza mit Kirche (oben). Die älteste erhaltene Brücke Roms: Seit über 2000 Jahren führt der Ponte Fabricio auf die Insel (unten). Nahe dem Ponte Cestio gibt es eine der Anlegestellen für die Ausflugsboote (rechte Seite oben). Wie ein riesiger Schiffsbug zerteilt die Insel den Fluss (rechts unten)

14 Tiberinsel

Malerisches Eiland

Rund 270 Meter lang und 67 Meter breit, teilt die Tiberinsel den Fluss etwa auf der Höhe des Kapitols für ein kurzes Stück in zwei Arme. Ihre Form erinnert dabei an den gedrungenen Rumpf einer römischen Trireme. Diesen Eindruck verstärkten in der Antike Uferbefestigungen aus Travertin, die wie Bug und Heck eines Schiffs wirkten, und ein Obelisk, der in der Inselmitte gleich einem gut sichtbaren Segelmast aufgerichtet war.

Um die Insel ranken sich bis heute zahlreiche Mythen und Legenden. So soll sie nach dem Sturz des verhassten Tyrannenkönigs Tarquinius Superbus entstanden sein, als das römische Volk die gewaltigen Getreidevorräte, die der Despot auf dem Marsfeld angehäuft hatte, kurzerhand in den nahe gelegenen Tiber warf. In einer anderen Version ist es der Körper des ermordeten Königs selbst, der zum Fundament der Insel wurde.
Schon seit dem ersten Jahrhundert v. Chr. war das Eiland durch zwei steinerne Brücken mit dem Ufer verbunden, die ältere Holzkonstruktionen ersetzten. Während der 62 v. Chr. erbaute Ponte Fabricio zum nordöstlich gelegenen Marsfeld führt, verbindet der Ponte Cestio (46 v. Chr.), die einzige im Originalzustand erhaltene antike Brücke Roms, die Insel mit dem Stadtteil Trastevere im Süden. Dessen Name leitet sich ganz einfach von *trans tiberim*, jenseits des Tibers, ab. Noch heute strömen täglich Tausende Menschen auf ihrem Weg zu einem Bummel durch das quirlige Kneipen- und Vergnügungsviertel über diese beiden Brücken.

Ungeliebte Keimzelle der Stadt

Obwohl die Insel also eine hohe strategische Bedeutung besaß, da man den Tiber hier relativ problemlos überqueren konnte und neben dem Kapitol auch der Palatin in Sichtweite lag, wurde sie lange Zeit gemieden, hatte sie während der frühen und mittleren Republik als Verbannungsort für Schwerstkriminelle und unheilbar Kranke doch einen denkbar schlechten Ruf. Das änderte sich erst, als man auf der Insel 289 v. Chr. einen Aesculaptempel errichtete, um dessen Vorgeschichte sich ebenfalls eine Legende rankt: Nachdem die Stadt 293 v. Chr. von einer schweren Seuche heimgesucht worden war, sandte der Senat nach Befragung der sibyllinischen Bücher eine Delegation zum Heiligtum des grie-

chischen Gottes der Heilkunst nach Epidaures, die mit einem geweihten Idol für den geplanten Opferaltar und einer heiligen Tempelschlange im Gepäck zurückkam. Als das Schiff den Tiber hinauffuhr, soll die Schlange auf Höhe des Marsfelds von Bord geglitten und zur Tiberinsel geschwommen sein – aus Sicht der Priester ein deutlicher Fingerzeig, wo Aesculap seinen neuen Tempel errichtet sehen wollte.
In Wahrheit sollte der Tempel aber wohl eher an einer möglichst isolierten Stelle gebaut werden, um die Ausbreitung von Seuchen und Krankheiten zu verhindern.

Wallfahrtsort

Nach dem Bau des Tempels entwickelte sich die Insel innerhalb kurzer Zeit zum Wallfahrtsort von Kranken mit den unterschiedlichsten Gebrechen, die sich von einem Besuch eine Linderung ihrer Leiden versprachen. So entstanden rund um die Anlage zahlreiche Portiken und preiswerte Unterkünfte für den nicht abreißenden Pilgerstrom. Eine große Anzahl Weihegeschenke für die Gottheit und Votivtafeln, die von Wunderheilungen berichten, sind aus dieser Zeit erhalten. Über den Ruinen des Tempels ließ König Otto III. im Jahre 998 die sehenswerte Basilika San Bartolomeo all'Isola mit ihrem markanten romanischen Glockenturm errichten. Im Mittelalter lebten Leprakranke auf der Insel und mehrere Pestkrankenhäuser wurden errichtet. Noch heute ist hier das bereits 1584 gegründete Fatebenefratelli-Hospital in Betrieb.
Aber auch bei der Versorgung der Bürger mit Mehl und Schrot hatte die Insel seit dem Mittelalter eine gewisse Bedeutung, nutzte man doch zwischen dem Eiland und den Ufern vertäute schwimmende Mühlen, die durch die Strömung angetrieben wurden, um Brotgetreide zu mahlen, das direkt in die Laderäume längs der Mühlen vertäuter Schiffe befördert wurde. Erst mit der Regulierung des Flusses durch die Tiberdämme im Jahr 1871 mussten diese Mühlen aufgegeben werden.

GENUSSVOLL ENTSPANNEN AUF DEM FLUSS

Im Sommer finden entlang des Ufers der Tiberinsel regelmäßig Open-Air-Kinovorführungen statt – der ideale Ausgangsort, um später am Abend in eine der unzähligen Trattorien, Weinbars und Kneipen im gegenüberliegenden Trastevere einzukehren. Ebenfalls empfehlenswert ist eine Bootstour auf Roms Lebensader. Am günstigsten ist das mit einem der Linienschiffe, die zwischen Calata Anguillara auf der Tiberinsel und der Brücke Duca D'Aosta verkehren. Die Fahrt dauert etwa eine Stunde mit Stopps an den Ponti Sisto, Sant'Angelo, Cavour und Risorgimento. Bootstouren gibt es aber auch nach Ostia Antica, wo man die antiken Ausgrabungen besichtigen kann. Die Fahrzeit beträgt hier rund zweieinhalb Stunden, und die Boote starten ab Ponte Marconi. Für Romantiker gibt es am Wochenende auf dem Flaggschiff der Tiberflotte, der »Agrippina Maggiore«, regelmäßig Dinner-Kreuzfahrten. Diese starten Donnerstag bis Samstag ab Ponte Sant'Angelo. Tickets müssen allerdings spätestens am Vortag reserviert werden.

WEITERE INFORMATIONEN

Tiberinsel: www.isolatiberina.it

Lächeln, bitte! Erinnerungsbilder kann man nicht nur mit Sehenswürdigkeiten machen (oben). Ein Teil der Via del Corso ist verkehrsberuhigt und ideal zum Shoppen (unten). Im geschmackvollen Hotel d'Inghilterra trifft man auf ungewöhnliches Ambiente (rechts oben). Ein 3000 Jahre alter ägyptischer Obelisk dominiert die Piazza del Popolo (rechts unten).

15 Via del Corso und Piazza del Popolo

Shopping-Eldorado und Flaniermeile

Für viele ist die Piazza del Popolo, im Volksmund auch Tridente genannt, einer der schönsten Plätze der Stadt, weil von hier, einem Dreizack gleich, mehrere Straßen ins Centro Storico ausstrahlen. In seinem Zentrum erhebt sich ein stolzer Obelisk, den Kaiser Augustus einst im Circus maximus errichten ließ und dessen Bruchstücke auf Geheiß von Papst Sixtus X. im 16. Jahrhundert hier wieder zusammengefügt wurden.

Die lebendige Via del Corso, die die Piazza del Popolo mit der Piazza Venezia am Fuße des Kapitols verbindet, wurde in der Antike als Via Flaminia bezeichnet, eine der wichtigsten Verkehrsadern ihrer Zeit. An den rund 1,5 Kilometern liegen zahlreiche Sehenswürdigkeiten, darunter die Piazza Colonna mit der antiken Siegessäule des Mark Aurel und dem Palazzo Doria Pamphilj.

Lebensader damals wie heute

Für antike Verhältnisse mit zehn Metern ungewöhnlich breit, haben auf dem Corso, wie die Römer ihre antike Prachtmeile nennen, jetzt nur eine zweispurige Fahrbahn und zwei schmale Gehwege Platz. Das nördliche Ende ist eine autofreie Fußgängerzone. Ungewöhnlich vor allem: der kerzengerade Straßenverlauf in einem Bereich, dessen Erscheinungsbild ansonsten von verwinkelten Gässchen und einer Vielzahl kleiner Plätze bestimmt wird.

Seinen heutigen Namen erhielt der Corso, der im Mittelalter noch als *Via Lata* oder Breite Straße bekannt war, erst im 15. Jahrhundert. Damals diente er während des römischen Karnevals als Kurs für ein alljährliches Spektakel, die *Corsa dei barberi*, bei dem reiterlose Pferde in Richtung Piazza Venezia getrieben wurden.
Heute ist der verkehrsberuhigte Teil ein bevorzugtes Revier für die *passeggiata*, das allabendliche Flanieren, bei dem sich der Römer als solcher betont locker, aber immer von seiner besten Seite zeigt.
Auch viele Boutiquen und Accessoireläden laden in diesem Abschnitt zum Shoppen und Souvenirjagen ein.
So findet man hier etwa die römische Ausgabe des Edelkaufhauses Rinascente oder die wunderschöne Galleria Alberto Sordi, eine hochkarätige Shoppingmall in formvollendeter Jugendstilarchitektur.
Weiter nach Norden quert der Corso die Piazza del Popolo und verlässt durch die

Porta del Popolo die Stadt. Auch Martin Luther dürfte dieses Stadttor während seines Rom-Aufenthalts, als er im nahe gelegenen Augustinerkloster logierte, mehrmals durchschritten haben – freilich damals noch ein braver Mönch im Schoß der katholischen Kirche.

Der Name der Piazza geht auf die kleine, von außen recht unauffällige Kirche Santa Maria del Popolo zurück, in der zwei Hauptwerke Caravaggios hängen – die »Bekehrung des Heiligen Paulus« und die »Kreuzigung des Heiligen Petrus« – neben Arbeiten von Raffael und Bernini. Wesentlich markanter sind die als Zwillingskirchen angelegten Santa Maria in Monte Santo und Santa Maria dei Miracoli, beide im 17. Jahrhundert von Carlo Rainaldi errichtet.

Die Pläne des Herrn Valadier

Sein heutiges Aussehen prägte in erster Linie der Architekt Giuseppe Valadier, der die Piazza del Popolo zu einem architektonischen Willkommensgruß umgestalten wollte, für alle, die die Stadt durch die Porta del Popolo betraten. Sein Entwurf bestand aus zwei Halbkreisen – sie erinnern an Berninis Pläne für den Petersplatz – die den ursprünglich rechteckigen Platz umschließen und einen spannungsvollen Kontrast zum quadratischen Sockel des Obelisken im Zentrum darstellen, den er mit vier wasserspeienden Löwen im ägyptisierenden Stil umringen ließ. Während die Porta del Popolo mit dem Obelisken und der zwischen den Zwillingskirchen verlaufenden Via del Corso die Nord-Süd-Achse des Platzes bilden, sahen die Pläne Valadiers in der Ost-West-Verlängerung zwei Brunnen vor, die mit Figuren der Roma und den Flussgottheiten Tiber und Aniene bzw. Neptun und zwei Tritonen geschmückt sind. Um die Optik der umliegenden Gebäude zu vereinheitlichen, ließ Valadier diese jeweils stimmig mit Bögen und Rustikaquadern verzieren. So wirkt der Platz heute trotz des Stilmixes wie eine harmonische Einheit.

DIE RESIDENZ DER POETEN

Unweit der Via del Corso, der Via dei Condotti und der Spanischen Treppe liegt ein »very british« Hotel in Rom: das Hotel d'Inghilterra. Bereits die Dichter Keats, Shelley und Lord Byron waren Gast in diesem Palazzo, der seit 1850 zu den elegantesten Hoteladressen der Stadt zählt. Bei erstklassigem Service fühlt sich der Gast hier wie ein König dank den 88 geräumigen Zimmern, Junior-Suiten oder Suiten, die alle elegant und doch individuell gestaltet sind. Die Farbtöne variieren von leuchtendem Braun-Lila bis zu zartem Lindgrün. Die Bäder aus Marmor und Travertin lassen an Größe und Komfort keine Wünsche offen. Auch beim Abendessen wird man im Café Romano verwöhnt: Feine Gerichte wie geschmorte Kalbsbäckchen an grünem Spargel und Rosmarinkartoffeln oder frittierte Meeresfrüchte an Sauce Tatare sind neben einem gekühlten Glas weißer Falanghina die idealen Begleiter zu einem lauen Sommerabend.

WEITERE INFORMATIONEN

Santa Maria in Monte Santo: Via del Babuino, 198, www.chiesadegliartisti.it

Santa Maria dei Miracoli: Via del Corso, 528

Hotel d'Inghilterra: Via Bocca di Leone, 14, www.royaldemeure.com

Das Augustus-Mausoleum hat einen Durchmesser von 89 Metern (oben). Die Ara Pacis, der Friedensaltar des Kaisers Augustus, zeigt Reliefkunst vom Feinsten (unten). Aus Carrara-Marmor gefertigt, ist das Weihegeschenk des Senats reich mit Ornamenten geschmückt. Drapierte Gewänder geben den Figuren Lebendigkeit (rechts oben und unten).

16 Ara Pacis Augustae

Reliefkunst vom Feinsten

Zum Gedenken an den Frieden, den Kaiser Augustus seinem bürgerkriegsgeschüttelten Reich schenkte, ließ der römische Senat den Opferaltar errichten und weihte ihn 9 v. Chr. ein. Heute befindet sich das werk aus Carrara-Marmor, das bedeutendste Beispiel augustäischer Reliefkunst, zwischen Tiber und Augustus-Mausoleum, geschützt durch den Glasbau des amerikanischen Stararchitekten Richard Meier.

Vor allem bei Dunkelheit ist die Ara Pacis Augustae ein echter Blickfang. Denn dann erstrahlt ihr blendend weißer Marmor im hellen Licht der Scheinwerfer auf beeindruckende Weise. Doch lohnt es sich unbedingt, den Zeremonienaltar auch tagsüber genauer zu betrachten. Seine feinen Steinmetzarbeiten zählen zu den schönsten des antiken Roms. Die Oberfläche des nahezu quadratischen Bauwerks, dessen Zentrum sich auf einer höher gelegten Plattform erhebt und von Umfassungsmauern umgeben ist, zieren Reliefs, die aufgrund der hohen Qualität auf griechische Künstler schließen lassen. Das Dekor an der Süd- und Nordwand des Altars zeigt eine Prozession vom 4. Juli 13 v. Chr. mit den Mitgliedern der kaiserlichen Familie, die ihrem Rang entsprechend hintereinander aufgeführt sind, darunter Augustus mit Ehefrau Livia und Schwiegersohn Agrippa. Die Relieffiguren sind verblüffend realistisch dargestellt, auch in den Details, wie Augustus' kleiner Enkel Lucius zeigt, der am Rockzipfel seiner Mutter hängt. Die geschickt drapierten Gewänder lassen die Gestalten bewegt und lebendig erscheinen. Doch ihre strengen und starren Gesichtszüge, die den offiziellen Charakter der Zeremonie widerspiegeln, demonstrieren deutlich die Merkmale der Kunstauffassung jener Zeit: technisch perfekt, aber akademisch kalt – wie auch der Rankenfries, der das gesamte untere Feld der Außenseite der Umfassungsmauer ausfüllt. Wegen der Feinheit, in der Akanthus, Efeu, Lorbeer und Wein, die Kriechtiere und Vögel ausgeführt wurden, gehört die Ara zu den schönsten, von der Pflanzenwelt inspirierten Kunstwerken des antiken Rom. Den eigentlichen, von Löwensphingen bewachten Altar, zu dem man zehn Stufen emporsteigen muss, schmücken Reliefs mit Opferfeierlichkeiten. Doch sind diese leider nur etwa zu einem Drittel erhalten.

Der Sensationsfund

Die Geschichte der Wiederentdeckung des Altars beginnt im 16. Jahrhundert, als erste Teile des Altars ausgegraben und

nach Florenz und London gebracht wurden. Doch drei Jahrhunderte sollte es noch dauern, bis Archäologen dann weitere Teile des Bauwerks entdeckten und zu diesem Zeitpunkt erahnten, wie groß die Bedeutung ihres Fundes war. Seit 1938 wurden immer neue Teile zusammengetragen und schließlich zu dem Altar rekonstruiert, teils original, teils nachgebildet, wie er sich uns heute in seinem schützenden Glashaus präsentiert.

Des Kaisers Grabmal

Unweit des Friedensaltars findet sich noch ein zweites bedeutendes Bauwerk aus der Augustus-Ära: sein Mausoleum, das zu den beeindruckendsten Monumenten des antiken Roms zählt. Auch wenn daran deutlich der Zahn der Zeit nagte und sich das Grabmal in einem sehr schlechten Zustand befindet, ist es ein Ziegelbau von großer Ausstrahlung. Kunsthistorisch interessant ist, dass es sich hierbei um das erste von zwei Rundgräbern Roms handelt (das zweite ist die Engelsburg, das einstige Mausoleum Kaiser Hadrians). Augustus selbst gab den Bau 28 v. Chr. für sich und seine Nachkommen in Auftrag. Nach seinem Tod 14 n. Chr. wurde er darin bestattet.

DIE WUNDERBARE WELT DER DÜFTE

Ein Ort, der nicht die Augen bereichert, sondern die olfaktorischen Sinne, ist eine Bar, die nur einen Katzensprung entfernt liegt. Natürlich ist es keine gewöhnliche Bar, in der Cappuccino oder Campari auf Eis serviert wird. Es ist eine Duftbar, wie der Name »L'Olfattorio« bereits verrät. Besonders Menschen, die ein feines Näschen haben, werden sie lieben. Denn was von außen wie eine trendige Location für It-Girls und -Boys aussieht, erweist sich drinnen als wahres Paradies von Aromen und Wohlgerüchen. Statt Drinks kann der Gast über 200 Essenzen aus edlen Papierbechern degustieren, um sich dann seine ganz persönliche raffinierte Parfumkreation komponieren zu lassen.

WEITERE INFORMATIONEN

Ara Pacis Augustae: Lungotevere in Augusta, geöffnet Di–So 9–19 Uhr, Eintritt 6,50 €, http://en.arapacis.it
L'Olfattorio: Via di Ripetta, 34, Tel. 06-361 23 25, geöffnet Mo–Sa 10.30–19.30 Uhr, www.olfattorio.it, info@olfattorio.it

Die meisten Besucher beachten Trinità dei Monti kaum, da sie nur die schöne Aussicht über Rom genießen (oben). Ein Schläfchen bis zum nächsten Kunden an der Piazza di Spagna hat noch nie geschadet (unten). Das Panorama-Restaurant im Hassler (rechts oben). Herrlich, in der Dämmerung auf der Spanischen Treppe zu sitzen (rechts unten)!

17 Piazza di Spagna

Freilichtbühne römischen Lebens

Geht man die berühmte Via Condotti immer geradeaus, stößt man unweigerlich auf jenen Platz, der mit seiner theatralischen »Spanischen Treppe«, die vom Platz hinauf zur Kirche Trinità dei Monti führt, eines der beliebtesten Fotomotive ist und zum Pflichtprogramm jedes Besuchers gehört. Was gibt's Schöneres, als von einer der vielen Terrassen aus dem Treiben treppauf, treppab zuzusehen?

Seit nunmehr fast drei Jahrhunderten ist die Piazza di Spagna beliebter Treffpunkt nicht nur der Touristen, sondern auch der Stadtbewohner – am besten an der Fontana della Barcaccia, dem graziösen Barkenbrunnen, der wegen seiner stilistischen Eigenart Gian Lorenzo Bernini zugeschrieben wird. Seinen Namen erhielt der Platz, weil sich ganz in der Nähe die spanische Botschaft befindet. Ironie des Schicksals ist jedoch, dass die berühmte Treppe, vielleicht eine der bekanntesten der Welt, in ihrer ersten Fassung gar nicht die Spanier, sondern die Franzosen bereits im 17. Jahrhundert anlegen ließen, als breite Freitreppe zu ihrer Nationalkirche Santissima Trinità dei Monti, die im Auftrag König Ludwig XII. 1502 in Auftrag gegeben wurde und mit ihren beiden Kuppeln die gesamte Szenerie beherrscht. In ihrem Inneren ist ein selten besuchtes Meisterwerk zu bestaunen, die berühmte Kreuzabnahme von Daniele da Volterra, einem toskanischen Maler des 17. Jahrhunderts. Der eigentliche Name der Treppe verrät im Übrigen die ursprüngliche Bestimmung der Treppe, auf Italienisch *scalinata della Trinità dei Monti.*

Französische Machtdemonstration

Papst Alexander VII. konnte eine derart massive Machtdemonstration eines fremden Staates auf vatikanischem Boden nicht dulden, doch erst unter der Ägide von Innozenz XIII. wurden die neuen päpstlichen Pläne von Baumeister Francesco de Sanctis realisiert und 1726 abgeschlossen. Statt eines Denkmals für den Sonnenkönig vor den Toren der französischen Kirche ließ Papst Pius VI. 1786 einen ägyptischen Obelisken aufstellen, den man 1808 in den Gärten des Sallust auffand und mit einem Kreuz krönen ließ. Eine Machtdemonstration des Vatikans ist es noch heute, wenn der Papst alljährlich am 8. Dezember an der Mariensäule, die anlässlich der Verkündigung des Dogmas der Unbefleckten Empfängnis der Heiligen Jungfrau aufgestellt wurde, auf der Piazza ein Blütengebinde niederlegt.

Bildungsreisende aus England

Im 18. Jahrhundert gehörte es für den – gut betuchten – Herrn von Welt, sprich den Adel, zum guten Ton, Bildungsreisen durch ganz Europa zu unternehmen. Gerade Rom war da eines der beliebtesten Reiseziele, konnte man doch hier die gesamte Geschichte der westlichen Zivilisation und ihre Kunst und Kultur an einem einzigen Ort studieren. Von diesem Umstand zeugen Künstlermuseen wie das Keats-Shelley-House gleich rechts neben der Spanischen Treppe. Bis zum heutigen Tag hat sich von der dekadenten Atmosphäre des beginnenden 19. Jahrhunderts etwas erhalten können, der Zeit, als die beiden Dichter der englischen Romantik hier lebten. Für John Keats war es das letzte Wohndomizil, er starb hier 1821 im tragisch jungen Alter von 25 Jahren. Percy Bysshe Shelley, auf dessen Einladung Keats nach Rom kam, überlebte seinen Freund nur um ein Jahr. Er ertrank bei einer Segeltour, und seine Asche wurde auf Roms protestantischem Friedhof beigesetzt wie Goethes Sohn, Julius August Walter. Das Museum birgt heute Manuskripte von Mary Shelley, Percys Frau, William Wordsworth und Oscar Wilde, wie auch mehrere Tausend Bände der englischen Romantik, auf die das Museum spezialisiert ist. Ein paar Häuser weiter hat Giorgio de Chirico sein Museum. Der bedeutende Vorläufer des Surrealismus hatte hier sein Atelier, und hier fand er mit seiner rätselhaften metaphysischen Malerei auch zu seinem unverwechselbaren Stil. Über 70 seiner Bilder sowie Terrakotten sind in der Casa Museo Giorgio de Chirico ausgestellt. Mit ihren extremen Perspektiven, düsteren Schattenwürfen und gesichtslosen Gliederpuppen klagen sie die Seelenlosigkeit moderner Zeiten an.

ROMS GROSSE HOTELDYNASTIE

Hoch über der Spanischen Treppe thront die wohl vornehmste Herberge Roms. Das Hotel, das Mussolini wegen seines so »unitalienischen« Namens in »Villa Medici« umbenannte, pflegt heute seinen exklusiven Stil unter Leitung des Schweizer Hoteliers Roberto E. Wirth. Unzählige VIPs hat das Haus gesehen, darunter Audrey Hepburn, Fürst Rainier, der hier seinen Honeymoon mit Grace Kelly verlebte, Luciano Pavarotti, Kevin Costner und Clint Eastwood. Die Innenausstattung gibt sich edel-antik, das mit einem Michelin-Stern gekrönte Restaurant »Imago« bietet mit seinen Panoramafenstern herrliche Ausblicke, und der Palmengarten ist eine wahre Oase der Ruhe.

WEITERE INFORMATIONEN

Santa Trinità dei Monti: Piazza della Trinità dei Monti, geöffnet Di–So 7–13 und 15–19 Uhr
Keats-Shelley-House: Piazza di Spagna 26, geöffnet Mo–Fr 10–13 und 14–18 Uhr, Sa 11–14 und 15–18 Uhr, Eintritt 4,50 €, www.keats-shelley-house.org
Casa Museo Giorgio de Chirico: Piazza di Spagna, 31, geöffnet Di–Sa und 1. So im Monat 19–13 Uhr, Eintritt 7 €, www.fondazionedechirico.it
Hotel Hassler: Piazza della Trinità dei Monti, 6, www.hotelhassler.com

Rings um die Piazza della Rotonda gibt es eine Vielzahl von Möglichkeiten, um mit einem Blick auf das Pantheon zu speisen (oben). Der frühere Tempel der »Gesamtheit der Götter« wurde in eine Kirche verwandelt und erhielt einen Altarraum (unten). Durch das Auge des Pantheon fällt nicht nur Sonnenlicht herein, sondern ebenso Regen (rechte Seite).

18 Pantheon und Piazza della Rotonda

Ruhmeshalle für die Ewigkeit

Der Rundbau aus der Zeit von Kaiser Hadrian ist das wohl am besten erhaltene Vermächtnis der Antike. Ein Glück, dass der Tempel, der den Göttern des himmlischen Pantheons geweiht war, alle nachfolgenden Generationen gleichermaßen faszinierte und sie den Bau zur Kirche umfunktionierten. So kann dieses Wunderwerk der Architektur bis zum heutigen Tage in fast unveränderter Form bestaunt werden.

Das Pantheon ist Roms Ruhmeshalle Nummer eins, das vollkommenste aller erhaltenen klassischen Bauwerke. Die Inschrift am Gesims der Säulenhalle »M. Agrippa L.F. Cos. tertium fecit« bezieht sich auf einen von Marcus Agrippa im Jahr 27 v. Chr. errichteten Tempel der Schutzgötter der Familie der Julier. Lange glaubte man, das Pantheon, wie es heute dasteht, sei der Tempel dieses berühmten Feldherrn und Politikers, Vorfahr der unseligen Kaiser Caligula und Nero. Doch der ursprüngliche Tempel des Agrippa wurde bei einem großen Stadtbrand 80 n. Chr. zerstört. Forschungen haben nachgewiesen, dass das Bauwerk auf die Zeit von Kaiser Hadrian zurückgeht. Instandsetzungen daran haben Septimius Severus und Caracalla ausführen lassen. Am 16. März 609 wandelte Bonifatius IV. den heidnischen Tempel in eine Kirche um, die er der Muttergottes und allen Märtyrern weihte. Das war ihm nur möglich gewesen, weil Kaiser Phokas von Ostrom, in dessen Besitz das Pantheon war, es ein Jahr zuvor Papst Bonifatius IV. zum Geschenk machte. Die Nachwelt rechnet es Phokas daher gemeinhin an, dass der Bau nur dank dieser Eigentumsübertragung überdauerte. Die sterblichen Überreste vieler Märtyrer wurden von den Katakomben hierhergebracht und bestattet, und auch große Künstler und Könige fanden in der nunmehr christlichen Ruhmeshalle ihre letzte Ruhe. Die Kirche avancierte kraft der Lateranverträge zur palatinischen Basilika oder besser gesagt zu einer Nationalkirche aller Italiener. Dieser Begriff wurde in der Geschichte des Landes hier zum ersten Mal geprägt.

Die Säulenhalle

Das beeindruckende Äußere wird von der monumentalen griechischen Säulenhalle geprägt, die auf kongeniale Weise mit dem römischen Kuppelbau zu einer Einheit verschmilzt. 16 aus jeweils einem Block herausgearbeitete 12,5 Meter hohe Granitsäulen tragen die um einen Meter höhere Halle, acht korinthische in der ersten Reihe, weitere acht dahinter. Im

Unzählige Besucher strömen täglich durch die Vorhalle des Pantheons (oben). Der Brunnen auf der Piazza della Rotonda ist beliebter Treffpunkt für junge Römer (Mitte) und bietet Kleinkünstlern eine gute Bühne (unten). Empfehlenswert: ein »caffè« im »Tazza d'Oro« (rechts oben). Im »Hotel Abruzzi« nächtigt man mit direktem Blick auf die Piazza (rechts unten).

Giebeldreieck befand sich ein Bronzerelief, das die Schlacht zwischen Göttern und Giganten darstellte. Die Decke war mit Bronze bedeckt, doch das kostbare, etwa 200 Tonnen schwere Material wurde von Papst Urban VIII. Mitte des 17. Jahrhunderts geraubt. Barockmeister Bernini goss daraus die Säulen und den Baldachin des Hauptaltars der Peterskirche und andere Werke. In den Nischen standen die Statuen des Augustus und des Agrippa. Die mächtigen Bronzetüren stammen noch aus der Antike.

Römische Ingenieurskunst

Der imposante Kuppelraum der Rotonda gilt als Höchstleistung römischer Ingenieurskunst. Das Pantheon hat nirgends auf der Welt seinesgleichen. Die überwältigende Wirkung des Inneren beruht auf der harmonischen Rhythmisierung der architektonischen Elemente, die den mächtigen Raum gliedern. Die Höhe von 43,2 Metern ist gleich seinem Durchmesser, wobei die rundum laufenden, sechs Meter dicken Wände, auf denen die Kuppel ruht, und der Radius des Gewölbes genau die Hälfte des Durchmessers ausmachen, also 21,6 Meter. Nur durch die obere kreisrunde Öffnung in der Mitte erhält die Kuppel mit den großen Kassetten wie auch der Innenraum mit den halbrunden und eckigen Nischen Licht und Luft, die zentrale Öffnung gibt den Blick auf den Himmel frei. Die unaufdringliche, schlichte Ausstattung unterstreicht die geniale Wirkung der Architektur. Kein Wunder also, dass Gleichklang und Ausgewogenheit des Raums, seine vollkommene Harmonie mit vollendeten Proportionen, die ein Abbild der Erde und des Firmaments mit dem Sternenlauf geben, Architekten, Ingenieure, Künstler und alle anderen Besucher in ihren Bann gezogen haben und sie noch heute unvermindert beeindrucken. Diesen feierlichen Eindruck bringt nicht einmal Sankt Peter hervor, zumal dessen Kuppel auch nur den zweiten Platz belegen kann: Sie ist immerhin um 86 Zentimeter kleiner als die des Pantheons!

Kapellen und Nischen

Das Rund des erhabenen Innenraums gliedern sieben Nischen. In der gegenüber dem Eingang liegenden stand die Statue des Jupiter Ultor, der die Mörder Cäsars strafte, in einer weiteren thronten die Skulpturen von Mars, Romulus, Äneas und Julius Cäsar. Andere Gottheiten und Helden der römischen Mythologie zierten die Zwischenräume. Bedauerlicherweise sind nur die prächtigen Säulen aus »giallo antico«, einer gelblichen besonders bei den alten Römern beliebten Marmorart, erhalten geblieben, die eine Vorstellung der einstigen Herrlichkeit geben. Heute sind die Nischen zu Kapellen umfunktioniert, in denen sich die Gebeine italienischer Könige, Baumeister und Künstler befinden. In den Kapellen ruhen unter anderem die sterblichen Überreste der Maler Perin del Vaga und Taddeo Zuccari, der Baumeister Flaminio Vacca und Baldassare Peruzzi, die Könige Vittorio Emanuele I. und Umberto I. Vortrefflich ist die Arbeit vom Skandinavier Bertel Thorvaldsen, der das Totenmal für Kardinal Ercole Consalvi schuf. Wichtigste Pilgerstätte für Kunstinteressierte im Pantheon ist jedoch das Grab Raffaels, des genialsten und gleichzeitig volkstümlichsten Baumeisters und Malers seiner Zeit. Die Inschrift über seinem Grab lautet: »Hier ruht Raffael, zu dessen Lebzeiten die große Mutter Natur fürchtete, von ihm überlistet zu werden, und als er starb, mit ihm zu sterben.« Die Madonnenstatue ist ein Werk seines Schülers Lorenzotto, in der Nähe das Grab von Maria Bibbiena, Raffaels Verlobter, die drei Monate vor ihm starb.

Piazza della Rotonda

Tritt man ergriffen aus der Erhabenheit des Pantheons nach draußen, könnte es kaum einen größeren Gegensatz geben als das turbulente Treiben auf der Piazza Rotonda, die einen sofort wieder zurück ins pralle Leben holt. Sommers wie winters ist sie beliebter Treffpunkt für Jung und Alt. Eingerahmt von gemütlichen Cafés, Eisdielen und Lokalen bietet der Platz ein lebhaftes Bild römischer Atmosphäre. Und ist nach dem Besuch im Totenreich der ideale Ort, um auf den Stufen des Brunnens mit seinem ägyptischen Obelisken zu sitzen und ein belebendes Eis zu verputzen. Oder in den umliegenden schicken Modeboutiquen, Schuhläden und Antiquariaten zu shoppen und zu stöbern. Die anschließende Via di Santa Chiara hinter dem Pantheon zieht auch die klerikalen Damen und Herren an: In den Devotionaliengeschäften gibt es für sie den neuesten Chic für Soutanen, Messgewänder und Kutten, wie auch eine große Auswahl an diversen Utensilien, die für das Zelebrieren der Messe vonnöten sind. Anspruchsvolleres wird beim Papstschneider Gammarelli, Hausnummer 34, erledigt. Und das seit 1792! Wird ein neuer Papst gewählt, soll hier die weiße Soutane, die der Papst nach seiner Wahl anlegt, in drei Größen vorrätig sein. Welchen Körperumfang das neue Kirchenoberhaupt hat, weiß ja allein der Himmel.

KAFFEEKULT MIT HISTORIE

Zwar schon lange kein Geheimtipp mehr, aber ein Klassiker, den man nicht versäumen sollte, ist das »Tazza d'Oro«, die »Goldene Tasse«. Nur wenige Meter vom Pantheon entfernt liegt die 1946 von Mario Fiocchetto gegründete Kaffeerösterei, die sich zu einem der beliebtesten Treffpunkte für die römische Mittagspause entwickelt hat. Das Markenzeichen ist die fast lebensgroße Werbetafel mit der dunkelhäutigen Kaffee-Ernterin im Pin-up-Stil. Gerne trinkt man hier im Stehen, umgeben von Espressoduft und wuseliger Bar-Atmosphäre, einen kleinen, tiefschwarzen *Ristretto* oder gönnt sich bei großer Sommerhitze eine kühle *Granita al caffè* mit Sahnehaube. Wer ein Souvenir sucht, kauft am besten eine der wunderbaren Nostalgiedosen im Stil der 1950er-Jahre voll frisch gemahlenen Kaffees oder ganzer Bohnen. Schleckermäuler werden die mit dunkler Schokolade überzogenen Kaffeebohnen lieben.

WEITERE INFORMATIONEN

Pantheon: Piazza della Rotonda, geöffnet Mo–Sa 8.30–19.30 Uhr, So 9–13 Uhr, Heilige Messe Sa 17 Uhr, So 10.30 und 16.30 Uhr, www.roma-antiqua.de

Tazza d'Oro: Via degli Orfani 84, geöffnet Mo–Sa durchgehend, www.tazzadorocoffeeshop.com

M·AGRIPPA·L·F·COS·TERTIVM·FECIT

Aus Sicherheitsgründen ist der Panoramablick von den Dächern auf das Pantheon und die Piazza della Rotonda, wie hier vom Hotel Abruzzi, leider nur in Ausnahmefällen gestattet.

Per pedes, mit einer PS oder motorisiert – in der Via Condotti mischen sich die Fortbewegungsarten (oben). Auf der Mode- und Shoppingmeile findet man bekannte Marken (unten). Seinen Cocktail genießt man auf der Terrasse des »Portrait Suites« mit Blick auf den Pincio (rechts oben). Am Fuß der Spanischen Treppe: geschäftiges Treiben in der Via Condotti (rechts unten).

19 Via Condotti

Exklusive Shoppingmeile

Keine Frage: Das Areal rund um die Via Condotti ist das exklusivste Shoppingrevier der Stadt. Kein internationales Label von Rang kommt ohne eine schicke Adresse auf den knapp 700 Metern zwischen Piazza di Spagna und Via del Corso aus, die den Ruf der Tibermetropole als Modemekka mitbegründet haben. Wer hier einkaufen will, sollte allerdings eine dicke Brieftasche mitbringen, denn nirgendwo ist Rom teurer als hier.

Obwohl es normalerweise kaum länger als fünf Minuten dauert, die auf den ersten Blick eher unscheinbare Via Condotti einmal komplett abzulaufen, braucht man in Stoßzeiten schon mal eine Stunde oder noch länger. Vor allem am frühen Abend und an Wochenenden herrscht in der engen Häuserschlucht oft der Ausnahmezustand – nichts für Klaustrophobiker!

Flaniermeile und Shoppingparadies

Die Schar der Flaneure bildet vor allem in der Hochsaison eine ziemlich farbenfrohe Mischung aus schlecht gekleideten Touristen in Sandalen und Shorts, eleganten Römern, die über so wenig Stilbewusstsein nur den Kopf schütteln können, und platinblond gefärbten Gattinnen osteuropäischer Oligarchen im Flitter-Glitter-Look, die die Kreditgrenze ihrer American Express Centurion Card ausreizen möchten. Letzteres geht hier sogar am Sonntag.

Nichtsdestotrotz ist ein Bummel über die Via Condotti während einer Romvisite Pflicht, und weil ohnehin jeder mindestens einmal zur Spanischen Treppe pilgert, wird man fast zwangsläufig von den Besucherströmen hierhergespült. Wir beginnen unseren exklusiven Schaufensterbummel bei Christian Dior in der Via Condotti 1–4 und schlendern dann weiter zu Gucci in der Nummer 8. In der 10 hat seit 1905 Roms Nobeljuwelier Bulgari seinen Stammsitz, und kaum ein Passant kann sich der Faszination der millionenschweren Geschmeide hinter den Panzerglasfenstern entziehen. Ein paar Häuser weiter stößt man bei Hausnummer 13 auf den römischen Ableger von Louis Vuitton, berühmt für seine aufwendig dekorierten Schaufenster. Die 15 dagegen ist das Reich von Roms exzentrischem Kultdesigner Valentino, während Dolce&Gabbana in der 51 ihre Alta moda feilbieten. Freunde von Hermès werden in der Via Condotti 67 fündig,

und schöne Schuhe mit passender Tasche von Salvatore Ferragamo kann man in der 73 ergattern. Giorgio Armani schließlich offeriert seine minimalistischen Kreationen in der 77, und Prada-Fans kommen in der 92 bis 95 auf ihre Kosten. Und wer bei Bulgari keine passenden Preziosen gefunden hat, entdeckt vielleicht in der 82 bei Cartier etwas Nettes. Den Schlussakkord setzt Fendi im labeleigenen Palazzo am Largo Goldoni, wo die Via Condotti auf die Via del Corso stößt. Übrigens: Handeln ist durchaus üblich und ein paar Prozent Rabatt sind bei vier- und fünfstelligen Preisen ohnehin einkalkuliert. Dezente Schilder in den prachtvollen Auslagen verweisen zusätzlich auf Sonderaktionen.

Caffè Greco

Für eine Pause vom Shoppingstress ist das weltberühmte »Antico Caffè Greco« in der Via Condotti, das eigentlich mehr wie ein Museum wirkt, genau die richtige Adresse. Das um 1760 vermutlich von dem Levantiner Nicola di Maddalena eröffnete Kaffeehaus avancierte rasch zu einem beliebten Künstlertreff und wurde im 18. und 19. Jahrhundert vor allem von der deutschen Kolonie gern besucht. Schon Goethe war hier während seines Rom-Aufenthalts regelmäßig Gast, ebenso wie Philosoph Arthur Schopenhauer oder Richard Wagner. Und auch die Dichter Lord Byron und John Keats, Bildhauerlegende Bertel Thorvaldsen oder Franz Liszt schlürften hier bereits ihren Kaffee.

Heute sind die prachtvoll ornamentierten Säle vollgestopft mit unzähligen Ölgemälden, Skulpturen und mehr oder weniger geschmackvollem kunsthandwerklichem Krimskrams – vieles davon das Vermächtnis ehemaliger Gäste. Und auch wenn das Etablissement von vielen als überteuerte Touristenfalle betrachtet wird, ist ein Besuch doch lohnend. Wer keine Lust hat, für einen Espresso fünf Euro zu zahlen, macht es einfach wie die wenigen einheimischen Gäste und nimmt das schwarze Elixier an der Theke ein – dort muss man ihn zwar im Stehen trinken, dafür kostet er aber weit weniger und schmeckt genauso gut.

GENUSS ÜBER DEN DÄCHERN VON ROM

Für Schuhfreaks fast ein Muss: Direkt über dem Ferragamo-Flagship-Store an der Ecke Via Condotti und Via Bocca di Leone hat das Modehaus ein Hotel im Stil eines luxuriösen italienischen Townhouses eingerichtet. Die 14 Studios und Suiten des »Portrait Suites« sind in angenehm zurückhaltenden Farben gestaltet, natürlich hat man besonderen Wert auf edle Stoffe und Materialien gelegt. Die Einheiten verfügen über eine hinter dunklem Holz verborgene Kitchenette, großzügige Räumlichkeiten und stylische Accessoires. Das Haus bietet dem Gast einen perfekten One-to-One-Service und verzichtet komplett auf eine pompöse Rezeption oder ein Restaurant. Dafür bekommt man wunderbare Tipps für die besten Trattorien und Cafés der Stadt. Oder – auch das ist hier möglich – man holt sich ein Stück feinsten Käse samt Focaccia und genießt beides bei einem vom Service kredenzten edlen Tropfen auf der Dachterrasse mit einmaligem Ausblick.

WEITERE INFORMATIONEN

Antico Caffè Greco: Via dei Condotti, 86, geöffnet Di–Sa 9–19 Uhr, So–Mo 10.30–19 Uhr, www.anticocaffegreco.eu

Portrait Suites: Via Bocca di Leone, 23, www.lungarnocollection.com

Die Münze muss über die linke Schulter in den Trevibrunnen geworfen werden, um Glück zu bringen (oben) – oder man lächelt einfach nur zum Andenken in die Kamera (rechts oben). Gut belagert: Das Rauschen des Wassers mischt sich mit einem permanenten Wispern zahlloser Stimmen (rechts unten).

20 Fontana di Trevi

Brunnen der Sehnsucht

Allein beim Erklingen des Namens des wohl berühmtesten aller Brunnen werden Romliebhaber wehmütig, und am liebsten würden sie gleich wieder in die Ewige Stadt zurückkommen. Und damit sich dieser Wunsch nach einer Wiederkehr auch bewahrheitet, muss der Besucher nur eine Münze in die Fluten des barocken Kunstwerks werfen. Erfolg ist garantiert – man muss es nur wollen!

Als der Architekt Nicola Salvi und der Bildhauer Pietro Bracci 1762 die Arbeiten zur prächtigen Fontana di Trevi in der Via delle Murratte abschlossen, ahnten sie nicht, dass sie damit ein Kunstwerk schufen, das für die römische Metropole weltweit zum Symbol schlechthin werden würde. Die großartige Komposition als Abschlusswand der Wasserleitung der Acqua Vergine stellt den Triumph des Neptun, des Herrschers über die Wasser, dar. Mit zahllosen Statuen und Reliefs über den Felsgruppen geschmückt sprudelt aus allen Ecken und Winkeln das klare Wasser. Der bedeutende Feldherr Marcus Agrippa aus der Familie der Julier führte die »Jungfrau-Wasser« mittels des 26 Kilometer langen Aquädukts *Aqua Virgo* aus den Sabiner Bergen bis heute ununterbrochen ins Herz der Stadt. Der Name »Acqua Vergine« entstand der Legende nach, als Soldaten Agrippas sich auf dem Feld in der Nähe der Via Collatina befanden, Wasser suchten und ein Mädchen trafen, das ihnen die Quelle mit dem glasklaren Wasser zeigte. Diese Begebenheit ist in einem Relief auf der rechten Seite dargestellt, während das Relief links Agrippa zeigt, wie er Kaiser Augustus den Plan zum Bau des Aquädukts präsentiert.

Architektenwettbewerb

Papst Clemens XII. hatte 1732 dann die Idee, die Rückwand des in der Zwischenzeit erbauten Palazzos des Grafen Conti di Poli als Kulisse für einen neuen Brunnen zu nutzen, und er lobte einen Architekturwettbewerb aus, an dem tatsächlich auch viele namhafte Baumeister der Zeit teilnahmen. Die Überraschung war ziemlich groß, als der Papst den lukrativen Auftrag ausgerechnet an den damals noch unbekannten Nicola Salvi vergab, der bis dahin noch keine nennenswerten Bauten geschaffen hatte. Doch Clemens XII. hatte, wie die Jahrhunderte zeigen, bei der Wahl ein überaus gutes Händchen bewiesen … Wenig amüsiert war allerdings Anwohner Graf Conti di Poli, der gegen den Bau protestierte. Der gewaltige römische Triumphbogen des neuen Brunnens, der die gesamte Fassade des Poli-Palasts ausfüllte, nahm in keiner Weise Rücksicht auf Stil und Ausmaß des gräflichen Domizils. Vor allem die Höhe der neuen Fassade war ihm ein Dorn im Auge. Doch des Grafen Einspruch blieb Gott sei Dank ohne Folgen. Der Graf ist längst Geschichte, und heute zählt allein, dass der prachtvolle Brunnen tatsächlich erbaut wurde und noch heute Römer wie Nicht-Römer erfreut. Die bühnenhafte Verschmelzung von Architektur, Skulptur und rauschendem Wasser setzte noch ein Jahrhundert später die hohe Kunst des Brunnenbaus von Barockmeister Gian Lorenzo Bernini fort.

Three Coins in the Fountain

Der Brunnen war einst nicht nur wegen der ausgezeichneten Wasserqualität berühmt, sondern auch der Tradition wegen, nach der jeder, der aus ihm trinkt, später wieder nach Rom zurückkehren würde. Auch wenn die Tradition bei Nicht-Römern lebendiger ist als je zuvor, so genügt es heute, nur eine Münze in das Becken zu werfen. Wohlgemerkt *eine* Münze, obwohl der berühmte US-Filmklassiker von 1954, der in Rom spielt, und der noch berühmtere Filmsong »Three Coins in the Fountain« da etwas ganz anderes soufflieren will. Doch aufgepasst: Es gibt einen genauen Ritus, der befolgt werden muss, sonst kann der Wunsch nicht in Erfüllung gehen. Mit der rechten Hand die Münze über die linke Schulter ins Brunnenbecken werfen – und tunlichst nicht einem armen Passanten an den Kopf! Die Euromünzen, die jeden Montag mit einem Saugrüssel aus dem Wasser gefischt werden, füllen die Kasse der Stadt. Centstücke allerdings, so heißt es, werden eher für wohltätige Zwecke eingesetzt.

DOLCE VITA – FELLINIS SÜSSES LEBEN

Eine der bekanntesten Szenen der Filmgeschichte: Wie eine blonde Amazone mit wallendem Haar streckt Anita Ekberg vor den rauschenden Fluten des Trevi-Brunnens ihren Arm gen Himmel, das Haar in den Nacken geworfen, mit bodenlangem, schwarzem Gewand, der Blick lasziv, bereit für dieses nächtliche Liebesabenteuer im Herzen von Rom, das begleitet wird vom strengen Blick des steinernen Neptun und der Tritonen, die versuchen, ihre Seepferde im Zaum zu halten. Das Bad von Anita Ekberg in der Fontana di Trevi in Federico Fellinis »La Dolce Vita« (»Das süße Leben«, 1959) ist legendär. Der Film ist somit die beste cineastische Einstimmung auf den Besuch dieses römischen Wahrzeichens. Ein kleiner Wissens-Leckerbissen für Kino-Insider: »La Dolce Vita« wurde in den Studios von Cinecittà gedreht, in denen Filmarchitekt Piero Gherardi die im Film gezeigte römische Realität, inklusive des Trevi-Brunnens, mit meisterhafter Präzision nachbaute.

WEITERE INFORMATIONEN

Fontana di Trevi: Via delle Muratte 9, www.romaculta.it

Auch auf der Piazza Barberini steht in der Mitte ein Bernini-Brunnen (oben). Die Galleria Nazionale d'Arte Moderna bietet erlesenen Kunstgenuss ohne großen Trubel (Mitte). Der beeindruckende Boden im Mittelschiff der Basilica San Lorenzo fuori le Mura (unten). Von der Piazza Napoleone I auf dem Pincio bietet sich ein herrlicher Blick über die Stadt (rechts).

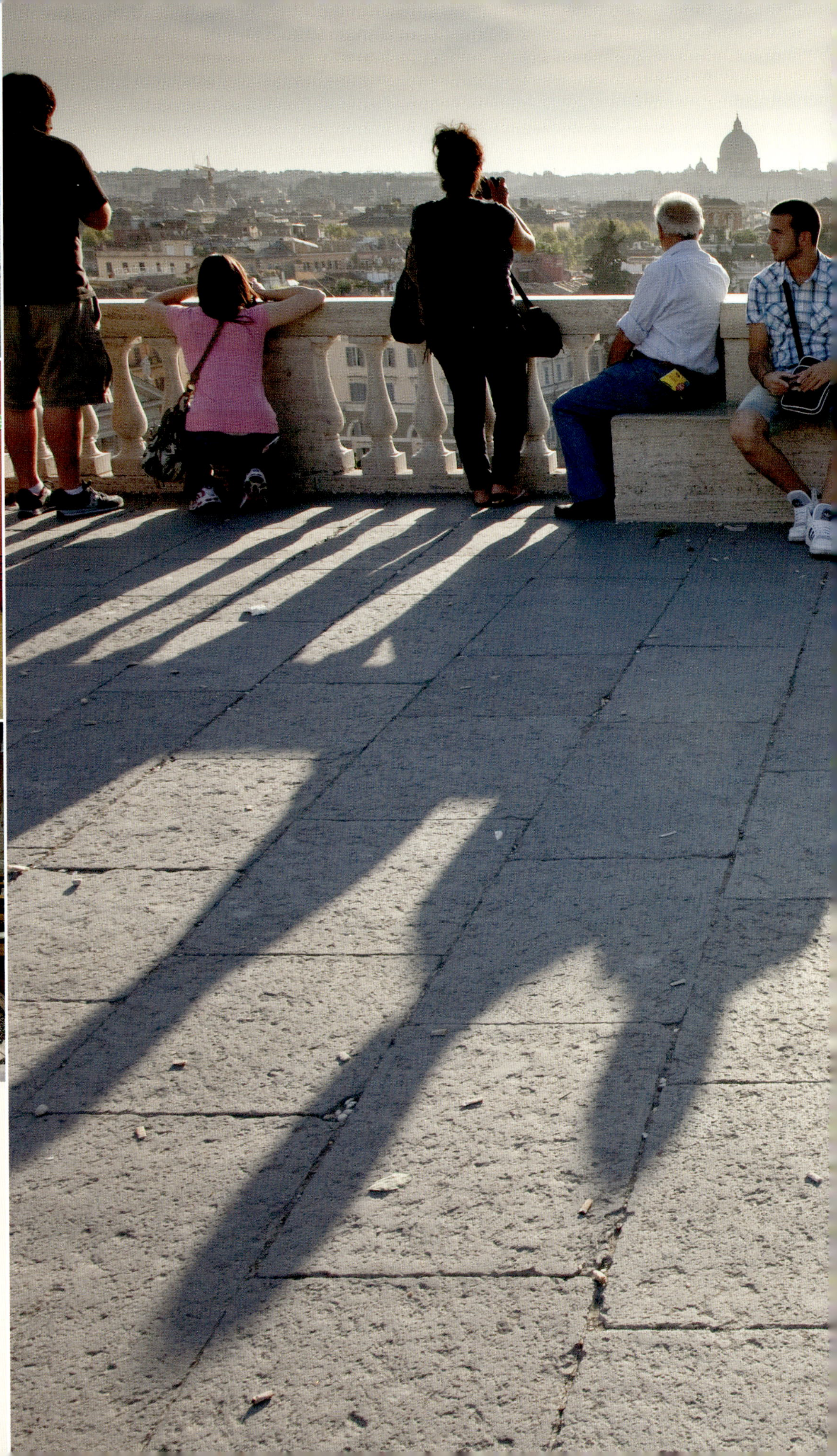

Zwischen Monte Pincio und Monte Celio

21 Piazza della Repubblica

Tor zur neuen Hauptstadt

Piazza Esedra, so nennen viele Römer diesen Platz noch beim alten Namen. Der erinnert daran, dass die Ende des 19. Jahrhunderts entstandenen neoklassizistischen Kolonnaden genau die halbkreisförmige Exedra der angrenzenden Diokletiansthermen nachzeichnen.

Umfangreichen Umbaumaßnahmen, die im Zuge von Roms neuer politischer Stellung als Hauptstadt des geeinten Italiens stattfanden, verdankt die Piazza della Repubblica ihre heutige Gestalt. Der Platz wurde so zum offiziellen Eingang der Metropole. Im Zentrum erhebt sich der imposante Najadenbrunnen, einer der jüngsten der vielen Brunnen, an denen sich die Römer erfreuen können. Als die Fontana 1901 enthüllt wurde, gab es jedoch einen großen Skandal. Stein des Anstoßes war die Nacktheit der vier Bronzenymphen, die Mario Rutelli schuf. Die Najaden spielen mit Geschöpfen, die unterschiedliche Formen von Wasser symbolisieren: das Meerpferd die Ozeane, die Wasserschlange die Flüsse, der Schwan die Seen und die Echse unterirdische Wasserläufe. Die mythologische Gestalt, die sich in der Mitte erhebt, stellt Meeresgott Glaukos dar. Er verkörpert die Menschheit, die die Kräfte der widrigen Natur besiegt. Die eleganten Kolonnaden, die den Brunnen einrahmen, beherbergten einst noble Geschäfte. Heute sind sie jedoch fest in der Hand von Banken, Reisebüros und Cafés.

Die Kirche in den Thermen

Den Kolonnaden gegenüber thronen die Diokletiansthermen. Die Bäder, die sich einst bis zum heutigen Bahnhof erstreckten, konnten bis zu 3000 Besucher fassen, fast doppelt so viel wie die Caracalla-Thermen. Inmitten der Ruinen errichtete Michelangelo 1563 die Kirche Santa Maria degli Angeli. Bedauerlicherweise wurde sie im 18. Jahrhundert von Luigi Vanvitelli so unsensibel renoviert, dass von ihrem ursprünglichen Charakter kaum etwas übrig ist. Interessanter ist deshalb vielleicht das Museo Nazionale Romano, das neben der Kirche eingerichtet wurde und heute weltweit zu den führenden Sammlungen klassischer Kunst zählt. Zu den Hauptattraktionen gehören die »Verwundete Niobe«, die »Kniende Aphrodite«, der »Ruhende Faustkämpfer« und der »Diskuswerfer«.

Die Piazza della Repubblica mit ihren auffälligen Kolonnaden ist streng geometrisch angelegt (oben). Kein Geringerer als Michelangelo errichtete die Santa Maria degli Angeli inmitten der Ruinen der Diokletiansthermen (unten). Hier hat man den Überblick über die ganze Piazza (rechts).

22 Quirinalshügel

Sitz des Staatspräsidenten

Nordöstlich des Stadtzentrums erhebt sich der Quirinal – mit rund 60 Metern der höchste der sieben Hügel der Stadt. Im gleichnamigen Palast aus dem 16. Jahrhundert, der früher als Sommerresidenz der Päpste und von 1871 bis 1946 den italienischen Königen gedient hat, hat heute der Staatspräsident seinen Amtssitz.

In der Antike krönten den Quirinal die berühmten Gärten des Sallust, viele Tempelanlagen und Palastbauten, von denen heute praktisch kaum noch Überreste zu finden sind. Aus römischer Zeit stammen allerdings die Monumentalfiguren von »Castor und Pollux als Pferdebändiger«, die als Teil des sogenannten Dioskurenbrunnens nach ihrer Entdeckung in den Ruinen der Konstantinsthermen 1588 auf der Piazza Quirinale aufgestellt wurden. Über den Thermenruinen wurde später der Palazzo della Consulta errichtet, der unter Papst Sixtus V. zum Zivil- und Strafgerichtshof umfunktioniert wurde und heute Sitz des italienischen Verfassungsgerichts ist.

Frische Luft für wohlhabende Patrizier

Von der Metrostation Barberini vorbei am berühmten Tritonenbrunnen Berninis erklimmt man den Hügel gen Süden in wenigen Minuten zu Fuß. Unterwegs fallen viele imposante Stadtvillen auf, galt der Quirinal doch früher als bevorzugter Wohnort lokaler Patrizierfamilien und Angehöriger der päpstlichen Familien, die hier dem stickigen Klima am Tiber entfliehen konnten. Von den Bänken oben auf der Piazza hat man eine gute Sicht über einen Teil der Altstadt bis hinüber zur Kuppel des Petersdoms. Der Name Quirinal leitet sich übrigens von der sabinischen Gottheit Quirinus ab, die hier im Altertum verehrt wurde.

Unweit der Piazza erreicht man an der Via del Quirinale schließlich die Jesuitenkirche Sant' Andrea al Quirinale, die Gian Lorenzo Bernini im 17. Jahrhundert im Auftrag von Kardinal Camillo Pamphilj, dem Neffen von Innozenz X., errichtet hat. Besonders an diesem barocken Kirchenbau ist der querovale Grundriss, der einem aber erst im Innern des prachtvoll mit Marmor, Stuck und großflächigen Vergoldungen ausgestatteten Gotteshauses auffällt. Ebenfalls sehenswert ist eine von Sixtus V. errichtete Gruppe von vier Spätrenaissance-Brunnen mit liegenden Darstellungen von Arno, Tiber, Diana und Juno an der Kreuzung von Via delle Quattro Fontane und Via del Quirinale.

INFO: Palazzo del Quirinale. Geöffnet So 8.30–12 Uhr, Eintritt 5 €

Die Porta Pia wurde nach Entwürfen von Michelangelo gebaut (oben). Ein ungewöhnlicher Blick auf die stark elliptische Kuppel von Sant'Andrea al Quirinale (unten).

23 Piazza Barberini und Via Veneto

Brunnenpracht und süßes Leben

Dass die Via Veneto heute wie keine andere Straße der Stadt als Symbol jener goldenen Ära Roms in den Fünfzigerjahren gilt, die das Lebensgefühl einer ganzen Generation geprägt haben, verdankt sie zweifellos Federico Fellinis cineastischem Meisterwerk »La Dolce Vita« aus dem Jahr 1960, das das unbeschwerte, doch oberflächliche Leben der Jeunesse dorée in schonungsloser Offenheit porträtiert.

Zwar hat sich das Gesicht dieser elegant geschwungenen Vergnügungsmeile, in der sich einst unzählige Cafés, Bars und Nachtlokale aneinanderreihten, in denen Roms Schickeria die Nacht zum Tag gemacht hat, mittlerweile deutlich verändert. Doch noch immer gibt es entlang der Straße magische Orte, an denen man für ein paar Stunden in jene längst vergangene Ära eintauchen und sich zumindest ein bisschen wie Fellinis Held Marcello Rubini fühlen kann. Zum Beispiel im legendären »Café de Paris« oder in »Harry's Bar«, in denen Schlüsselszenen des Films gedreht wurden.

Der Name der erst Ende des 19. Jahrhunderts angelegten Straße, die von imposanten Gründerzeitbauten gesäumt wird und die Piazza Barberini mit der Porta Pinciana verbindet, geht auf die Schlacht von Vittorio Veneto zurück. Es war jene Schlacht, die den Ersten Weltkrieg an der italienischen Front beendete.

Licht und Schatten

Mit ihren zahlreichen Boutiquen zählt die Via Veneto heute zu den elegantesten Shoppingmeilen der Stadt. Eine der besten Adressen ist das Atelier des Herrenausstatters Brioni in der Nummer 129, wo man für einen der maßgeschneiderten Anzüge aus feinstem italienischem Tuch locker den Gegenwert eines Kleinwagens auf den Tisch blättern kann. Aber auch einige der schönsten und teuersten Hotels der Stadt liegen hier wie an einer Perlenkette aufgereiht, etwa das Grand Hotel Via Veneto, das Grand Hotel Flora, das Excelsior und das Baglioni. Für Kirchenliebhaber hat die Via Veneto mit der nahe der Piazza Barberini gelegenen

Bekannt aus unzähligen Kinoklassikern: die Via Veneto (oben), deren Flair man im »Café de Paris« bei einem Cappuccino bestens genießen kann (unten). Carlo Maderno entwarf den Palazzo Barberini in typischer Blockform mit großen Fenstern (rechts). Durch die Porta Pinciana spitzen bereits die grünen Bäume des Parks Villa Borghese (rechts oben).

Kirche Santa Maria della Concezione dei Cappuccini ebenfalls ein echtes Highlight zu bieten. Ihr Name verweist übrigens auf den Kapuzinerorden und nicht auf das beliebte Heißgetränk, das seinen Namen aber tatsächlich der braunen Farbe der Mönchskutten verdankt.
Berühmt ist das Gotteshaus für seine aus fünf nur spärlich beleuchteten Kapellen bestehende Krypta, in der die Gebeine von mehr als 4000 Mönchen aus der Zeit zwischen 1500 und 1870 ruhen, als die katholische Kirche Bestattungen in Kirchen untersagte. Die Schädel und Knochen wurden dabei zu dekorativen Tableaus im Stile des Barock und Rokoko arrangiert und stachen als Touristenattraktion früher selbst die Katakomben aus. Manche Skelette wurden intakt belassen und mit Mönchskutten bekleidet – ein makabrer Anblick und sicher nicht jedermanns Geschmack.

Der Stolz der Familie

Zurück im Tageslicht sind es nur noch wenige Schritte bis zur Piazza Barberini, benannt nach dem gleichnamigen Palazzo am Südende des Platzes, der nach Plänen Carlo Madernos anstelle der alten Villa Sforza für die aufstrebende Adelsfamilie Barberini errichtet und von Bernini 1633 vollendet wurde.
Auftraggeber war der berühmteste Spross des Adelsgeschlechts, Kardinal Maffeo Barberini, der 1623 nach seiner Wahl auf den Papstthron als Urban VIII. einen repräsentativen Familiensitz benötigte. Die Decke des prunkvollen Salons ist mit dem monumentalen Fresko »Allegorie der göttlichen Vorsehung« des Malers Pietro da Cortona geschmückt – selbstbewusster Ausdruck des nach Urbans Meinung gottgegebenen Machtanspruchs seiner Familie. Den auf dem Bild dargestellten Bienen, das Wappentier der Barberini, begegnet man im Palazzo und anderen Bauwerken auf der Piazza noch öfter.
Heute ist das imposante Gebäude neben dem Palazzo Corsini einer der beiden Standorte der Galleria Nazionale d'Arte Antica, eines der bedeutendsten Kunstmuseen der Stadt, mit zahlreichen Werken von Raffael, Perugino, Tintoretto, Tiepolo, Tizian, aber auch des Franzosen Nicolas Poussin und des Deutschen Hans Holbein. Am bekanntesten ist aber sicher Caravaggios blutrünstiges Meisterwerk »Judith und Holofernes«.
Auf der Piazza selbst steht mit dem Tritonenbrunnen ein weiteres bekanntes Werk Berninis, der schnell zu Urbans bevorzugtem Künstler avancierte. Dargestellt ist ein kniender, muskelbepackter Triton, der auf einer geöffneten Muschel kniet, die von vier Delfinen getragen wird und durch sein Horn Wasser in den Himmel speit. Auf dem Brunnen findet man wiederum die Bienen der Barberini. Und die sind auch auf Berninis letztem Werk für den Papst dargestellt, das sogar nach dem brummenden Wappentier benannt wurde: der Bienenbrunnen. Der befand sich ursprünglich an der Ecke zwischen Palazzo Barberini und der Via Sistina, speit sein Wasser heute aber an der Ecke zur Via Veneto. Seine lateinische Inschrift erläutert den Zweck der beiden Brunnen auf der Piazza: Während die Fontana del Tritono »zum öffentlichen Schmuck« der Stadt errichtet worden sei, liest man da, solle die Fontane delle Api »allein dem Wohl ihres Nutzers« dienen – das waren meist Pferde oder Hausangestellte.

TOR ZUM GRÜNEN HÜGEL

An ihrem Nordende durchbricht die sich bergauf windende Via Veneto die Aurelianische Stadtmauer bei der Porta Pinciana, hinter der unmittelbar Roms »grüne Lunge«, die Villa Borghese, beginnt. Ihren Namen hat die Porta Pinciana vom nahe gelegenen Pincio. Dieser zählt zwar nicht zu den berühmten sieben römischen Hügeln, ist heute aber eines der exklusivsten Wohnviertel der Stadt, wo jede Menge Prominenz residiert. Das erst um das Jahr 401 unter Kaiser Honorius errichtete Tor erlangte eine gewisse Berühmtheit, als es vom Künstlerpaar Christo und Jeanne-Claude 1974 neben anderen Teilen der Mauer im Rahmen einer ihrer berühmten Verhüllungsaktionen unter dem Titel »Wrapped Aurelian Wall« für 40 Tage eingepackt wurde.

WEITERE INFORMATIONEN

Café de Paris: Via Vittorio Veneto, 90, geöffnet Mi–Mo 12.30–14.30 und 18.30–23.30 Uhr, www.cafedeparisroma.eu
Harry's Bar: Via Vittorio Veneto, 150, geöffnet Bar tägl. 11–2 Uhr, Restaurant tägl. 12.30–15 und 19.30–1 Uhr, www.harrysbar.it
Santa Maria della Concezione: Via Vittorio Veneto, 27, geöffnet Mo–Fr 9–17 Uhr

Neben dem Kolosseum führt ein Aufstieg zur Domus Aurea (oben). San Pietro in Vincoli: Über den Altarbaldachin spannen sich die Mosaiken der Apsis (unten und rechte Seite oben). Trajans Thermen waren bei der Einweihung 109 n. Chr. die größten Roms und wurden erst später von den Caracalla- und den Diokletianthermen übertroffen (rechte Seite unten).

24 Domus Aurea

Neros goldenes Haus

Düster ist das Bild, das die römischen Geschichtsschreiber Sueton und Tacitus vom Charakter des als verschwendungssüchtig und größenwahnsinnig geltenden Kaisers Nero gezeichnet haben. Nero hatte den Kaiserthron von 54 bis 68 n. Chr. inne und wurde von Peter Ustinov im 1951 gedrehten Leinwandepos »Quo Vadis« unsterblich gemacht.

Schenkt man ihnen Glauben, soll der Kaiser das große Feuer im Juli 64, das weite Teile Roms zerstörte, selbst gelegt, das Flammeninferno aus sicherer Entfernung beobachtet und zum Klang der Lyra Homer-Verse rezitiert haben. Alles reine Propaganda. Tatsächlich befand er sich nämlich 50 Kilometer südlich der Stadt in seiner Sommerresidenz und ließ nach seiner Rückkehr den Palast für Obdachlose öffnen und Lebensmittel verteilen.
Wahr ist allerdings auch, dass Nero, der einen Sündenbock für das Unglück brauchte, in der Folge Hunderte Christen in der Arena ermorden und für den Wiederaufbau der zerstörten Stadt zahllose Tempelschätze plündern ließ. Sich selbst hat er zum Trost auf dem Areal, das heute unter anderem von den Ruinen der Trajansthermen bedeckt ist, einen monumentalen Palast gegönnt: die Domus Aurea, das goldene Haus. Die Anlage war nach Schätzungen rund 80 Hektar groß und glich eher einem Landgut als einem Palast – inklusive eines künstlichen Sees, an dessen Stelle heute das Kolosseum steht.

Alle Pracht dieser Erde

Sueton spricht in seiner Nero-Biografie »von Häusern so groß wie Städte. Dazu kamen Villen mit Feldern, Weinbergen und Weiden, Wälder voll wilder und zahmer Tiere aller Arten. Einige Teile des Hauses waren vollständig vergoldet und mit Gemmen und Muscheln geschmückt. In den Speisesälen gab es bewegliche Decken aus Elfenbein, durch die Blumen herabgeworfen und Parfum versprengt werden konnte.«
Auch wenn man solche Berichte mit Vorsicht lesen muss, beweisen die Ausgrabungen, dass der Komplex zu den prachtvollsten Bauten der Kaiserzeit gehört haben muss. Die monumentale Eingangshalle befand sich an der Stelle, an der Hadrian später den Tempel der Venus und Roma errichten ließ. Hier erhob sich angeblich eine 35 Meter hohe Kolossalstatue Neros, für die er den griechischen Bildhauer Zenodorus beauftragt hatte. Von all der Pracht ist aber nur der kleine Gebäudekomplex auf dem Oppius-Hügel erhalten, dessen Reste teilweise in die Fundamente der Thermenanlage inte-

griert oder mit Füllmaterial aufgeschüttet worden sind.

Quelle der Inspiration

Leider war die Domus Aurea in den letzten Jahren aufgrund von schweren Schäden durch eindringendes Wasser und einstürzende Decken immer wieder für Besucher gesperrt, und man muss sich daher vor Ort erkundigen, wie es aktuell um Besichtigungsmöglichkeiten steht. Bekommt man aber die Chance, in dieses magische Labyrinth einzutauchen, findet man sich unversehens in einer antiken Märchenwelt wieder. Die Decken und oberen Wandhälften sind über und über mit prachtvollen Malereien verziert, die nach ihrer teilweisen Restaurierung in neuem Glanz erstrahlen. Dargestellt sind meist mythologische Szenen oder Grotesken. In weiten Teilen waren die Wände mit Marmor verkleidet, mit kunstvollen Stuckverzierungen und Elfenbeinintarsien. Manche der geschätzt über 300 Räume, von denen bislang erst 32 freigelegt wurden, waren mit Pools ausgestattet, während in den Korridoren Brunnen plätscherten. Da man bislang keine Schlafzimmer gefunden hat, gehen Archäologen davon aus, dass es sich bei diesem Teil der Anlage um einen reinen Partypalast gehandelt hat.

Zum Teil findet man auch in die Wände eingeritzte Signaturen bekannter Renaissancemaler, darunter Filippo Lippi und Ghirlandaio, die sich wie Pinturicchio oder Michelangelo an Stricken in den alten Kaiserpalast, der Ende des 15. Jahrhunderts zufällig wiederentdeckt wurde, hatten abseilen lassen, um dort die Fresken zu studieren. Raffael inspirierten die Bildnisse der Domus Aurea unter anderem bei der Gestaltung der Stanzen im Vatikan.

BASILICA MINOR

Unweit der Überreste der Domus Aurea liegt am Esquilin die Kirche San Pietro in Vincoli, bekannt durch ihr Grabmal von Papst Julius II., das von Michelangelo Buonarroti entworfen wurde. Ursprünglich waren mehr als 40 überlebensgroße Figuren als Grabschmuck vorgesehen. Wie so oft stellte Michelangelo aber auch diesen Auftrag nie fertig, sondern vertröstete seinen Auftraggeber, bis der Papst den Plan 1506 schließlich aufgab. Nach Julius' Tod 1519 kehrte Michelangelo, der inzwischen die Decke der Sixtinischen Kapelle ausgeschmückt hatte, zurück und vollendete neben der Figur des sterbenden Sklaven, die heute im Louvre steht, auch die kolossale Mosesstatue, eines seiner wichtigsten Werke. Sie zeigt den Anführer der Israeliten, als er mit den Gesetzestafeln vom Sinai herabsteigt und sein Volk beim Tanz um das goldene Kalb ertappt. Die Hörner auf Moses' Kopf gehen auf einen in die lateinische Vulgata-Bibel übernommenen Übersetzungsfehler zurück.

WEITERE INFORMATIONEN

Domus Aurea: Via della Domus Aurea, 1, Besichtigungsmöglichkeiten bitte aktuell einholen, z.B. über www.turismoroma.it
San Pietro in Vincoli, Via delle Sette Sale, 11–14, geöffnet Mo–Fr 9–17 Uhr

25 Villa und Galleria Borghese

Königin der Privatsammlungen

Inmitten des weitläufigen Parks Villa Borghese, Roms grüner Lunge, erhebt sich auf seinem höchsten Punkt das Casino Borghese. Der Palazzo aus dem 18. Jahrhundert birgt eines der reichhaltigsten Museen der Stadt. Kostbare Gemälde und Plastiken verschiedener Epochen sind hier untergebracht, weshalb die Galleria Borghese auch die »Königin der Privatsammlungen« genannt wird.

Im weitläufigen Park Villa Borghese trifft man überall auf Monumente (oben). Im Schatten der Schirmpinien kann man sich auf einen ausgiebigen Besuch der Galleria Borghese einstimmen (unten).

Gleich nach der Wahl Pauls V. machte der neue Papst seinen Neffen Scipione Caffarelli-Borghese zum Kardinal mit großen Einkünften. Sein Vermögen legte der Papstsprössling gut an, indem er den jungen Holländer Jan van Santen dem Auftrag erteilte, den prächtigen Park im barocken Stil anzulegen. Kleine Seen und plätschernde Brunnen, piniengesäumte Wege, Wiesen und Wäldchen, Tempelchen und Statuen schmücken den 80 Hektar großen Park, der 1902 der Stadt Rom zum Geschenk gemacht wurde. Auf seinem höchsten Punkt erhebt sich das Casino Borghese, 1613 ebenfalls von Jan van Santen entworfen, der sich nun Giovanni Vasanzio nannte. Die üppige barocke Innengestaltung wie auch der mit antiken Skulpturen, Reliefs und Gemälden ausgestattete Ehrensalon spiegelt er das Stilbewusstsein von einst wider. Wie wild sammelte der kunstsinnige Kardinal kostbare Kunstwerke und gab Aufträge an zeitgenössische Künstler: die Grundlage des heutigen Museo e Galleria Borghese.

Gegen allen Protest

Auch die Nachfolger des Kardinals waren höchst kunstinteressiert und erweiterten die Bestände und verschönerten die Residenz. Leider verkaufte ein späterer Abkömmling der Borghese-Familie einen wichtigen Teil der Sammlung an den Louvre: Camillo Borghese, der Pauline Buonaparte geheiratet hatte, wurde von seinem Schwager Napoleon dazu gedrängt. Alle Proteste der päpstlichen Regierung waren erfolglos, und so ging man daran, neue Statuen und Gemälde zu sammeln, mit dem Francesco Borghese das Museum auf seinen jetzigen Stand bringen konnte. Auch die zwei Jahrhunderte zuvor entfernten Bilder aus dem Palazzo Borghese kehrten schließlich in die Galerie zurück, bis im Jahr 1902 das neu geordnete Museum vom italienischen Staat erworben wurde.

Skandalumwittert

Einen Raum für sich beansprucht die auf einem Diwan liegende skandalumwitterte Statue der Paolina Borghese aus der meisterlichen Hand des neoklassizistischen Bildhauers Antonio Canova. Canova selbst bezeichnete seine »Paolina«, die als »Ruhende Venus« dargestellt ist, als eine seiner vollendetsten Arbeiten. Noch ganz anders reagierte da die Öffentlichkeit bei der Enthüllung der Statue 1805: Die Nacktheit der schönen Paolina empfand man als höchst unsittlich, schließlich war sie die Schwester von Kaiser Napoleon! In ebenso verführerischer Pose auf einer Kline ausgestreckt zeigt sich der »Schlafende Hermaphrodit«. Es ist eine römische Bronzekopie nach Original von Polykles von etwas 150 v. Chr.

Der frühe Bernini

Die folgenden Säle bergen frühe Werke von Gian Lorenzo Bernini, die den unsterblichen Ruhm des Barockmeisters begründeten. Sein »David mit der Schleuder« von 1623 zeigt den Helden, kurz bevor er einen Stein an die Stirn seines Widersachers Goliath schleudert – es ist eine Szene voller Spannung. Von geradezu dramatischer Wucht ist die Plastik »Apoll und Daphne«, die Bernini 1624 vollendete. Das Motiv stammt aus Ovids »Metamorphosen«; dargestellt ist die Nymphe Daphne, die sich, weil Apoll ihr nachstellt, in einen Lorbeerbaum verwandelt. Auch beim »Raub der Proserpina« im vierten Saal ließ sich Bernini von Ovid inspirieren. Die Skulptur zeigt einen Wettstreit zwischen Nymphen und Musen. Die zur Schiedsrichterin berufene Kalliope besingt Pluto, der die Jupitertochter Proserpina zur Herrscherin der Toten macht. Seinen großen Gönner Scipione Borghese hingegen verewigte Bernini als Büste. Das Bildnis von ungewöhnlicher Lebendigkeit markiert einen Wendepunkt in der Porträtkunst. Die Gruppe »Äneas und Anchises« soll der

Im Sommer sorgen die Teiche im Park Villa Borghese für Erfrischung und Erholung (oben). Die Löwenfigur steht am Eingang zum Park an der Viale Pietro Canonica (Mitte). Wer will, kann den Park natürlich auch zum morgendlichen Joggen nutzen (unten). Der Eingang zur Galleria Borghese ist wahrhaft monumental (links).

Der Park Villa Borghese lädt ganzjährig zum Entspannen ein: duftende, leuchtend grüne Pinien (oben) oder Wasserspiele und Brunnen (Mitte und rechts oben). Eine Rikscha-Fahrt im Park ist toll (unten). Wer's aktiver mag, legt eine Joggingrunde ein (rechte Seite unten) – als Belohnung winken Cocktails mit Ausblick auf der Terrasse des »Sofitel« (rechte Seite oben).

Künstler in Zusammenarbeit mit seinem Vater Pietro geschaffen haben. Doch Experten vermuten, dass es sich bei diesem sehr frühen Werk von 1619, das die Flucht des homerischen Helden mit seinem Vater aus dem brennenden Troja darstellt, ausschließlich um die Arbeit des Vaters handelt.

Caravaggios Vermächtnis

Der Saal des »Tanzenden Satyrs« zeigt Werke von Caravaggio, dem Meister der Hell-Dunkel-Malerei. Doch sein aufbrausender und ungestümer Charakter wurde gefürchtet, allzu schnell war er in Schlägereien und Messerstechereien verwickelt. Als er bei einem solchen Vorfall seinen Widersacher im Kampf ersticht, muss der geniale Maler aus Rom flüchten. Mit seinen übersteigerten und höchst komplexen Bildkompositionen überforderte er das Kunstverständnis so manchen Betrachters der damaligen Zeit. Mit seinem »Chiaoscuro«, dem extremen Hell-Dunkel-Kontrast durch schlaglichtartigen Lichteinfall und extreme perspektivische Verkürzungen, entwickelte er einen neuen Malstil.
»David mit dem Haupt des Goliath« ist eines der eindringlichsten Bilder. Caravaggio schickte es 1610, nach dem tödlich endenden Duell, als Art Gnadengesuch an Papst Paul V. David wirkt betroffen und entsetzt, während das Gesicht von Goliath die Züge Caravaggios trägt.
Weitere seiner Bilder sind der reizende »Trunkene Bacchus« von 1584 mit Zügen des Meisters, der »Heilige Hieronymus« (1606), der einsam am Schreibtisch sitzt, und die »Madonna dei Palafrenieri«, auch »Schlangenmadonna«

genannt, dessen christliches Motiv nach Caravaggios poetischer Vorstellung entmythologisiert wurde. Doch die Darstellung der mit den Zehen niedergedrückten Natter galt als Sakrileg.

Raffael im Vergleich

Die Pinakothek im ersten Stock stellt weitere Kunstwerke der Renaissance, des Manierismus und Barock aus. Herausragend sind drei Gemälde von Raffael, die aus seiner frühen Phase stammen. Dies erlaubt einen Vergleich zweier Malerfürsten: Raffael, der bedeutendste Verfechter der Renaissance-Ideale, und Caravaggio, Erfinder eines neuen poetischen Realismus, der die Malerei des Barock einläutete. Eine Altartafel von 1507 zeigt die Grablegung Christi vom Sockel und der Bekrönung eines Altars, die »Junge Frau mit Einhorn« (1505), das als Werk Raffaels erst im Jahr 1935 nach der Abnahme später Übermalungen erkannt wurde, und das Porträt eines Unbekannten, entstanden um 1502, das ebenfalls erst im 20. Jahrhundert entdeckt wurde.

Doch auch darüber hinaus erweisen sich die Säle im ersten Stock als ein kleines Who's who der Kunstgeschichte. Mit Werken vertreten sind die berühmtesten Maler des Abendlands, darunter Barocci, Bellini, Botticelli, Corregio, Cranach, Lorenzo Lotto, Reni, Rubens, Tizian und Veronese. Besondere Erwähnung verdienen Botticellis eindringliche »Madonna mit Johannes als Kind und Engeln« von 1488, Tizians »Heilige und profane Liebe« und Federico Baroccis »Äneas flieht aus dem brennenden Troja«. Letzteres stieß bei Kardinal Scipione Borghese auf so große Begeisterung, dass er Bernini den Auftrag für die große Marmorplastik erteilte, die im Erdgeschoss aufgestellt ist.

COCKTAIL MIT AUSBLICK

Der Rundumblick von der Terrasse des Sofitel Hotels ist unbeschreiblich. Die Dächer Roms liegen einem zu Füßen. Ob nachmittags zum Cocktail an Roms stilvollster Lounge-Bar, oder abends zum edlen Dinner im Restaurant: Das Panorama von »La Terrasse« ist tagsüber wie auch bei nächtlicher Illumination einen Besuch wert.

WEITERE INFORMATIONEN

Parco Villa Borghese: Eingänge an der Piazza del Popolo, Piazzale Brasile, Via Pinciana, Via Aldobrandi, www.discover-rome.de

Museo e Galleria Borghese: Piazzale Museo Borghese 5, Tel. 06-328 10, geöffnet Di–So 9–19.30 Uhr, Mo 13–19 Uhr, Eintritt 10–13,50 €, www.galleriaborghese.it

Es werden nur alle 2 Stunden 360 Besucher eingelassen, daher ist eine Ticketreservierung ratsam. Hinein kommt man auch mit dem »Roma Pass«, der 30 € kostet. Infos dazu unter www.romapass.it

Hotel Sofitel Rome Villa Borghese und **Restaurant-Bar La Terrasse Cuisine & Lounge:** Via Lombardia 47, Tel. 06-47 80 21, geöffnet 12–2 Uhr, www.sofitel.com

In Ruhe die Werke der Époque auf sich wirken lassen (oben). Die »Witwe«, eine Plastik von Ernesto Bazzaro (unten). Alfredo Pirris Installation spielt mit der Auflösung von oben und unten durch einen verspiegelten Boden (rechts oben). In prächtigen Uniformen ziehen Reiter an der Galleria Nazionale d'Arte Moderna vorbei (rechts unten).

26 Galleria Nazionale d'Arte Moderna

Kunst der italienischen Moderne

Sie steht ein wenig zu Unrecht im Schatten zahlreicher Museen der Stadt, denen Meisterwerke aus Antike, Mittelalter und Renaissance Weltruhm verschafft haben. Denn die Galleria Nazionale d'Arte Moderna, kurz GNAM, ist eine der bedeutendsten Sammlungen italienischer Kunst des 19. und 20. Jahrhunderts, die nirgendwo sonst mit einer so repräsentativen Werksauswahl zu sehen ist.

Gegründet im Jahr 1883 mit dem Ziel, eine Sammlung zeitgenössischer italienischer Malerei aufzubauen, die das neue Selbstbewusstsein einer jungen Nation widerspiegeln sollte, vereint das GNAM unter seinem Dach heute Werke einer Periode, die ungefähr 200 Jahre umfasst – beginnend mit bedeutenden Beispielen der italienischen Frühromantik bis hin zur Gegenwartskunst. Durch die große Werkdichte, mit der zahlreiche Künstler wie zum Beispiel Giacomo Balla und Giorgio de Chirico vertreten sind, lässt sich hier eindrucksvoll studieren, wie sich Arbeitsweise und Sujet dieser Künstler im Lauf der Zeit weiterentwickelt haben.

Palazzo delle Belle Arti

Ursprünglich im Palazzo delle Esposizioni untergebracht, wurde die Sammlung ab 1915 in den neu errichteten Palazzo delle Belle Arti am Rande der Villa Borghese verlegt.
Der von Cesare Bazzani streng symmetrisch angelegte Bau umfast 75 Ausstellungsräume, deren Anzahl und Gliederung dem Architekten genau vorgegeben waren und in denen heute mehr als 5000 Bilder und Skulpturen zu sehen sind. Alle Räume erhalten über verglaste Dächer natürliches Tageslicht.
Der Eingang in den imposanten Komplex, der an die Monumentalarchitektur zahlreicher Bauwerke dieser Periode anknüpft, führt über einen zentralen Treppenaufgang, der wiederum in eine durch korinthische Säulenpaare gegliederte Vorhalle führt. Über Eckpavillons erreicht man die zurückversetzten Seitenflügel des Gebäudes. Die Hauptfassade wird von üppigem Ranken- und Girlandenschmuck verziert, während sich an den Seitenflügeln Figurenfriese und leicht hervortretende Lisenen finden. Besucher gelangen vom Vestibül in eine großzügige Halle, die den Zugang in die zentralen Innenhöfe mit den umliegenden Ausstellungsräumen möglich macht. In den Seitenflügeln gruppieren sich kleinere Ausstellungskabinette jeweils um einen zentralen Saal, der mit einer Terrasse ab-

schließt. Von hier aus gibt es einen direkten Zugang zur grünen Lunge der Stadt, der Villa Borghese, die nach einem ausgedehnten Museumsbesuch zum Schlendern einlädt.
Neben dem Palazzo delle Belle Arti gehören zum Museumsverbund des GNAM auch das sehenswerte Museo Hendrik Christian Andersen, das Museo Praz, das Museo Boncompagni Ludivise – sie alle befinden sich in Rom – sowie das Museo Manzù in Ardea.

Geschichte einer Sammlung

Die permanente Ausstellung repräsentiert die gesamte Bandbreite der italienischen Schulen des 19. und 20. Jahrhunderts, ergänzt um Werke internationaler Künstler, die in Italien gelebt und gearbeitet haben. Schwerpunkte der Sammlung sind unter anderem Werke aus dem Verismus, dem Symbolismus, der Sezession, der Dekadenz, der Neorenaissance und der Neoklassik.

Zwischen dem Ersten und Zweiten Weltkrieg wurde der Fundus weiter ausgebaut und neben Werken der Romantik kamen Arbeiten im Stile des Divisionismus und Gemälde der Malergruppe Macchiaioli dazu, die eine realistische Darstellung von Alltagsszenen im Stile Courbets oder Corots favorisierte. Außerdem Werke des Bildhauers Medardo Rosso.
In den 1960er-Jahren wurde die Ausstellung umgebaut, um die zeitgenössische italienische Kunst, darunter zahlreiche bedeutende Werke des Dadaismus und Futurismus, stärker in den Fokus zu rücken, denen Werke internationaler Künstler wie Alberto Giacometti, Jackson Pollock, Pablo Picasso, Georges Braque, Piet Mondrian, Yves Klein oder Marcel Duchamp gegenüberstehen. Seit Mitte der Neunzigerjahre werden auch Werke der Gegenwartskunst angekauft – damit ist das GNAM wieder bei seiner ursprünglichen Bestimmung angekommen.

ENTSPANNUNG UND KUNSTERLEBNIS

Mit dem »Caffè delle Arti« beherbergt das GNAM nicht nur eine bedeutende Kunstsammlung, sondern auch eines der schönsten und besten Museumscafés der Welt. Ob für einen Drink im Barbereich, eine Tasse Cappuccino oder einen Lunch unter Einheimischen – im »Caffè delle Arti« ist man immer richtig. Abends werden auf der herrlichen Außenterrasse Pastagerichte und Meeresfrüchtespezialitäten serviert – besonders lecker: die *Strozzapreti* und *Paccheri* –, und die Weinauswahl ist riesig. Ganz billig kommt man hier jedoch nicht davon.
Der Sonntagsbrunch ist ein Highlight: Alles, was auf dem wundervoll hergerichteten Buffet steht, ist frisch und von erstklassiger Qualität. Wer das Caffè direkt ohne Umwege durch das Museum ansteuern will, hält sich vor dem Haupteingang links.

WEITERE INFORMATIONEN

Galleria Nazionale d'Arte Moderna: Viale delle Belle Arti, 131, geöffnet Di–So 8.30–19.30 Uhr, temporäre Ausstellungen 9.30–19 Uhr, Eintritt 10 €, www.gnam.beniculturali.it
Caffè delle Arti: Via Antonio Gramsci, 73, geöffnet wie das Museum, www.caffedelleartiroma.it

Eines der faszinierendsten Museen für etruskische Kunst verbirgt sich in der Villa Giulia (oben). Sehenswert sind dort auch die Fresken aus einem Grab der Stadt Tarquinia, wie aus der Tomba del Letto Funebre (unten). Picknick vor der Villa Borghese: »Gina eat & drink« macht's möglich (rechts oben)! Auch der Garten der Villa Giulia entzückt das Auge (rechts unten).

27 Etruskisches Nationalmuseum der Villa Giulia

Schätze ganz besonderer Art

Die Renaissance-Villa lohnt nicht nur wegen ihrer zauberhaften Architektur. Sie ist auch Heimstatt eines Museums, das als das bedeutendste gilt, was die Etrusker anbetrifft, jenes geheimnisumwitterte Gründervolk Roms, dessen Andenken von den Römern bewusst verdunkelt wurde. Nirgends sonst auf der Welt gewinnt man einen besseren Eindruck von ihrer hohen Kultur und ihrem großen künstlerischen Geschick.

Papst Julius II. war es, der die Villa Giulia am nördlichen Rand des weitläufigen Villa-Borghese-Parks als Sommerresidenz in Auftrag gab. Doch wie sich zeigte, diente ihm das Haus, das zwischen 1551 und 1553 erbaut wurde, in erster Linie zu gesellschaftlichen Anlässen. Villa, Pavillons, Garten, Brunnen und künstliche Grotten wurden von den größten Künstlern der Renaissance entworfen, darunter der Baumeister Giacomo Vignola, der die Kirche Il Gesù schuf und damit den beginnenden Barock markierte, Giorgio Vasari und nicht zuletzt auch Michelangelo.
Besonders reizvoll sind die Fassade in Form eines Triumphbogens, der harmonische Innenhof, das halbrunde Nymphäum, ein mit klassischen Mosaiken, Brunnen und Statuen geschmückter tiefer gelegter Innenhof und die weitläufige Gartenanlage. Dort wurde im Jahr 1891 ein etruskisches Tempelchen rekonstruiert, wobei man sich auf Ausgrabungsergebnisse stützte. Seit 1889 beherbergt die Villa nun das Museo Nazionale Etrusco, in dem eine der herausragendsten Sammlungen etruskischer Artefakte zu sehen ist. Die Exponate stammen von den großen Ausgrabungsstätten Etruriens, dem heutigen Latium, Umbriens und der Toskana. Bedeutende etruskische Städte wie Vulci, Todi, Veio und Cerveteri sind im Modell originalgetreu nachgebildet, sodass man Einsicht in die etruskische Siedlungsgeschichte erhält. Das Hauptsiedlungsgebiet war der nördliche Teil des Latiums, wo imposante Rundgräber in Cerveteri, Grabhöhlen mit wundervollen Fresken in Tarquinia oder aus Tuff geschlagene Tempelbauten in Savona ihre Besucher in den Bann ziehen. Man muss sich schon Zeit nehmen und die Vielzahl an Kunstobjekten auf sich

wirken lassen, die nach topografischen Gesichtspunkten zusammengestellt und in mehr als 30 Sälen ausgestellt sind.

Goldschmuck vom Feinsten

Die ersten sechs Säle des zweigeschossigen Museums im rechten und linken Flügel der Villa zeigen Funde aus der Nekropole von Vulci und anderer Ausgrabungsstätten. Aus der großen Zahl der Ausstellungsstücke sticht neben schwarz- und rotgrundigen Keramiken und fein ziseliertem Goldschmuck ein Kuriosum hervor: ein Zahnersatz, der erste, der je gefunden wurde. Faszinierend sind der üppige Goldschmuck und die kultischen Goldgefäße: Wie die Etrusker bereits die komplizierte Granulationstechnik beherrschten, ist schon verblüffend. Entzückend die kleine Figur des Jungen, der einen Vogel füttert, gedacht als Votivgabe für die Götter! Im folgenden Raum sollte man keinesfalls die Terrakotta-Statuen von Herkules, Apoll und einer unbekannten Göttin mit Kind auf dem Arm aus dem 6. Jahrhundert v. Chr. versäumen. Man mutmaßt, dass sie aus der Werkstatt von Vulca, einem etruskischen Bildhauermeister, stammt, der einst wohl auch den gewaltigen Jupitertempel auf dem Kapitol erbaute. Berühmt ist die in Praeneste ausgegrabene »Ficoroni Cista«, die Bronze-Hochzeitstruhe aus dem 4. Jahrhundert, die über und über mit feinsten Gravurzeichnungen verziert ist. Wie moderne Skulpturen wirken die grotesk in die Länge gezogenen ebenfalls bronzenen Votivstatuetten von Auguren, etruskischen Sehern. Sie haben möglicherweise Bildhauer des 20. Jahrhunderts wie Alberto Giacometti beeinflusst.

Ein Ehepaar beim Festmahl

Der Tatsache, dass die den Etruskern zugeschriebene »Kapitolinische Wölfin« auf dem Kapitol und nicht in der Villa Giulia ausgestellt ist, verdankt ein meisterhaft gearbeiteter Terrakotta-Sarkophag aus dem 6. Jahrhundert v. Chr. seine Rolle als berühmtestes Exponat des Hauses zu. Aus Cerveteri stammend schmückt ein höchst realistisch dargestelltes liegendes Ehepaar mit archaischem Lächeln, das sich zum ewigen Festmahl gebettet hat.

EIN SONNTAG IM PARK

Erschöpft von endlosen Besichtigungen? Schmerzende Füße? Bedürfnis nach Muse, um die tausend Eindrücke der Stadt zu verarbeiten? Kein Problem: Ein Sonntag im weitläufigen Park der Villa Borghese schafft Abhilfe! Auf den Teichen und Wasserläufen des Parks lässt es sich geruhsam Boot fahren, im Schatten der Bäume entlangschlendern, auf den Bänken unter Pinien ruhen und römische Familien beim Picknick beobachten. Besser ist es natürlich noch, selbst ein Picknick zu veranstalten. Und das ist ganz einfach: Das Restaurant »Gina eat & drink« bietet dazu wundervolle Picknickkörbe an, die keine Wünsche offen lassen – ein Fläschchen Wein inklusive.

WEITERE INFORMATIONEN

Villa Giulia/Museo Nazionale Etrusco: Piazzale di Villa Giulia 9, Tel. 06-442 30 49, geöffnet Di–So 8.30–19 Uhr, Eintritt 8 €, www.villagiulia.beniculturali.it
Gina eat & drink: Via San Sebastianello 7, Tel. 06-678 02 51, geöffnet tägl. 11–20 Uhr, www.ginaroma.com

28 Santa Maria Maggiore

Die Kirche einer Legende

Wie schon ihr Namenszusatz verrät, ist Santa Maria Maggiore die größte von Roms 80 Kirchen, und ihr 1377 errichteter Glockenturm ragt als höchster auf: Auf sie laufen alle Straßen zu, sie ist die einzige Basilika der Stadt, die trotz vielfältiger Dekorationen im Innern ihre Ursprünglichkeit bewahren konnte. In ihr wurde als einziges römisches Gotteshaus seit dem 5. Jahrhundert ununterbrochen täglich die Messe gefeiert.

Einem reichen Patrizier und gleichzeitig dem Papst Liberius erschien in der Nacht des 5. August 352 die heilige Jungfrau Maria im Traum. Sie trug ihnen auf, eine Kirche an der Stelle zu errichten, wo am nächsten Morgen Schnee zu finden sei. Das Wunder geschah, es schneite mitten im glutheißen römischen Sommer, noch dazu in basilikalen Umrissen. Natürlich befolgte der Papst Marias Anweisung, und die Kirche wurde gebaut. Zu sehen ist die Legende, die erst sehr spät entstand, auf den mittelalterlichen Mosaiken, die heute stark ausgebessert noch an der Loggia der Hauptfassade erhalten sind.
Dorthin gelangt man von der Mariensäule aus zu ebener Erde, während zur schlicht gehaltenen Chorfassade vom Obelisk des Augustus-Mausoleums hinter der Kirche aus eine theatralisch-feierlich anmutende Freitreppe führt. Die harmonische Hauptfassade mit ihrem Säulengang zu fünf Eingängen schuf Ferdinando Fuga Mitte des 18. Jahrhunderts. Ungleich überwältigender ist jedoch das dreischiffige Innere, der vielleicht großartigste Kirchenraum Roms. 86 Meter lang, mit 36 Marmor- und Granitsäulen, einem wunderbaren, perfekt erhaltenen Mosaikfußboden der Cosmaten-Schule und der gewaltigen Kassettendecke von Giuliano da Sangallo. Sie ließ der skandalumwitterte Borgia-Papst Alexander VI. mit dem ersten Gold verzieren, das Kolumbus aus Amerika herangeschifft hatte. Auf dem Architrav, der von einer langen Reihe ionischer Säulen getragen wird, sieht man eine Folge von 36 Mosaikbildern aus dem 5. Jahrhundert mit Szenen aus dem Alten Testament. Ebenfalls noch aus frühchristlicher Zeit stammt das herrliche Mosaik des Triumphbogens, das Ereignisse aus dem Leben Mariens abbildet. Das Apsidenmosaik mit dem Triumph der Maria hingegen ist deutlich späteren Datums: Der Franziskaner Jacopo Torriti schuf es 1295.

Die Via Panisperna ist eine belebte Straße nahe der Santa Maria Maggiore (oben). Im Mittelschiff der gotischen Kirche fasziniert der Fußboden der Cosmatenschule (unten). Die Stufen führen zu den wertvollen Reliquien der Kirche (rechts unten). In eine Welt ganz anderer Art taucht man in den nahen Markthallen der Via Principe Amedeo ein (rechts oben).

Gnadenbild und Krippensplitter

Aus der Hand des Architekten der Hauptfassade, Ferdinando Fuga, ist auch der grandiose Hauptaltar mit dem Sarkophag, in dem die Gebeine des Apostels Matthäus geborgen wurden. Den Altar überspannt ein Baldachin, der von vier kostbaren Porphyrsäulen getragen wird. Darunter befindet sich einer der größten Schätze der Kirche, das wundertätige Bild der Madonna mit Kind. Der Legende nach ist dies ein Werk des heiligen Lukas, tatsächlich aber stammt es aus dem 13. Jahrhundert.

Die wohl bedeutendste Reliquie sind die fünf Splitter der Krippe, in der das Jesuskind bei seiner Geburt lag. Hinter einem Gitter im Confessio unter dem Altar werden die Holzstücke in einer Silberurne aufbewahrt, davor steht die kniende Statue von Marienverehrer Papst Pius IX., der 1854 das Dogma der Unbefleckten Empfängnis Marias verkündete.

Monumentale Ruhestätten

So schlicht die Grabplatte für den berühmten Barockbaumeister Gian Lorenzo Bernini auch sein mag, ein Hochgesang an die Verstorbenen sind die Grabkapellen im Querschiff der Basilika. Die Sixtinische Kapelle wurde vom Meisterarchitekten Domenico Fontana erbaut, der Pius V. ein Denkmal setzen wollte zum Dank dafür, dass er ihn zum Kardinal gekoren hatte. Doch nicht nur Pius V. fand hier seine letzte monumentale Ruhestätte, sondern auch Papst Sixtus V. Die Reliefs, die die Grabmale schmücken, haben durch ihre Hell-Dunkel-Effekte fast den Ausdruck eines Gemäldes. Sie stellen Begebenheiten aus dem Leben beider Päpste dar. Die prunkvollste der Grabkapellen aber ist die gegenüberliegende Cappella Paolina: Der Glanz der ganzen Basilika ist hier vereinigt: Bronzeschmuck und Fresken von Guido Reni leuchten von Wänden und Decke.

KURZTRIP IN DEN ORIENT

Nur ein paar Straßenzüge von Santa Maria Maggiore entfernt liegt das Herzstück des Esquilin-Viertels, die multikulturelle Piazza Vittorio. Der Platz wurde im 19. Jahrhundert nach Turiner Vorbild mit Säulengängen gesäumt. Rund um die große Gartenanlage treffen sich Zuwanderer aus aller Herren Länder zum Tratsch, verscherbeln fliegende Händler gefälschte Markenware oder selbst gebrannte CDs, bieten Mädchen und Jungen ihre Blumensträuße zum Sonderpreis an. Der bazarähnliche Markt, der sich bis vor ein paar Jahren hier befand, wurde leider verbannt. Doch die Caserma Guglielmo Pepe, wo er hinverlagert wurde, ist nicht weit.

WEITERE INFORMATIONEN

Santa Maria Maggiore: Piazza Santa Maria Maggiore, geöffnet tägl. 7–19 Uhr

Museum in der Basilika: Geöffnet Mo–Fr 9.30–18.30 Uhr

Caserma Guglielmo Pepe: Via Principe Amedeo 118, variabel geöffnet

Il nostro inglese
ALLARGA
i tuoi orizzonti
Restaurant

Pfeilgerade läuft die Via Nazionale auf das Vittoriano zu.

Der Altar mit Baldachin in einer der schönsten Kirchen Roms: die Basilika San Lorenzo fuori le Mura (oben).

29 San Lorenzo fuori le Mura

Roms berühmteste Begräbniskirche

Die päpstliche Basilika San Lorenzo vor den Mauern lag einst außerhalb der östlichen Stadtumfriedung in unmittelbarer Nähe der Porta Tiburtina an der antiken Straße nach Tivoli. Sie zählt nicht nur zu den sieben Pilgerkirchen Roms, sondern war bis ins späte 19. Jahrhundert auch Titularkirche des Patriarchen von Jerusalem.

Angeblich ließ bereits Kaiser Konstantin I. an der Stelle, wo der heilige Laurentius im Jahr 268 das Martyrium erlitt, eine kleine Kapelle errichten, die Papst Pelagius II. um 580 zur Kirche ausbaute. Campanile, Kloster und Kreuzgang wurden im 12. Jahrhundert ergänzt, nachdem sich die Kirche zu einer wichtigen Pilgerstätte entwickelt hatte. Im 13. Jahrhundert schließlich ließ Papst Honorius III. San Lorenzo mit einer Marienkirche in unmittelbarer Nähe, die im 5. Jahrhundert von Papst Sixtus III. errichtet worden war, zu einem Gebäudekomplex vereinigen.

Schwarzer Humor

Seine große Beliebtheit bei den Einheimischen verdankt das Gotteshaus seinem Namenspatron St. Laurentius. Man sagt, er habe seinen Henker, während der ihn über einem langsam geschürten Feuer zwischen glühenden Metallplatten zu Tode geröstet hat, aufgefordert, er solle ihn endlich wenden, denn der Braten sei auf einer Seite bereits gar. Die Römer lieben diese Art von schwarzem Humor.

Man sollte vor allem den vor der dreischiffigen Basilika errichteten Portikus mit geometrischen Intarsienarbeiten der Familie Vassalletto im Cosmati-Stil bewundern sowie die herrlichen Fresken mit Szenen aus dem Leben Laurentius' und des ersten christlichen Märtyrers St. Stephan. Auch Papst Pius IX. ist hier bestattet, während in einer Krypta die Gebeine des heiligen Hilarius ruhen, der den Stuhl Petri zwischen 461 und 468 innehatte. Eine Gedenktafel an der Fassade erinnert an die verheerenden Bombenangriffe der Alliierten von 1943, bei der San Lorenzo und das umliegende Viertel, in dem deutsche Truppen vermutet wurden, schwere Schäden davontrugen, weshalb Papst Pius XII. Rom anschließend zur offenen Stadt erklärte.

Heute ist das Gotteshaus die wichtigste Begräbniskirche der Stadt, denn gleich hinter ihren Mauern erstreckt sich mit dem Campo Verano Roms größter, zypressengesäumter Friedhof.

INFO: Parrocchia San Lorenzo fuori le Mura. Piazzale Del Verano, Tel. 06-446 61 84.

30 Studentenviertel San Lorenzo

Das neue In-Viertel

Wie Trastevere und Testaccio entwickelt sich auch die Gegend im Osten Roms, nach dem heiligen Lorenzo benannt, zum angesagten Wohn- und Ausgehviertel. Noch immer von den Zerstörungen des Zweiten Weltkriegs gezeichnet, zog die Universität immer mehr günstige Lokale an, die nicht nur bei Studenten beliebt sind.

Dieses Viertel schließt man nicht gerade auf den ersten Blick ins Herz, allzu schlecht ist die Bausubstanz der Gebäude, die Ende des 19. Jahrhunderts im Zuge der Erweiterung der neuen Kapitale schnell hochgezogen wurden. Von Beginn an hatte es den Ruf eines sozialen Brennpunkts, zu Recht: Die Wohnungen waren oft überbelegt, eine gute Anbindung ans Zentrum lange völlig vernachlässigt. Inzwischen ist San Lorenzo im Westen durch einen riesigen Kopfbahnhof abgeriegelt, im Süden erstreckt sich die hässliche, auf Pfeilern erbaute Tangenziale, die das Stadtbild brutal durchschneidet. Im Osten grenzt der römische Hauptfriedhof Campo Verano an, während sich im Norden Kliniken und 1935 die Universität ansiedelten.
Letztere ist für den Wandel vom Arbeiter- zum Szeneviertel verantwortlich, denn die vielen Studenten, die von dem billigen Wohnraum profitierten, zogen immer mehr urige Restaurants an, in denen es sich – und das ist im teuren Rom wichtig – günstig und gut essen lässt. Die jungen Leute stört es nicht sonderlich, dass noch immer Schäden aus dem Zweiten Weltkrieg zu sehen sind. Sie werden nach und nach verschwinden, so wie schon jetzt am reizvollen Largo degli Osci, dem Herzen des Viertels, wo allmorgendlich Markt gehalten wird.

Das Wunder von San Lorenzo

Von der Regierung beauftragt, eine Lösung für vernachlässigte Arbeiterkinder zu finden, eröffnete die Pädagogin und Ärztin Maria Montessori hier ihre erste *Casa dei bambini*. Ihre Idee von der Selbsttätigkeit der Kinder erprobte sie in einem didaktisch gerüsteten Umfeld. Die Methodik galt bald als »Wunder von San Lorenzo« und löste eine reformpädagogische Bewegung aus: Kinderhäuser in aller Welt folgten dem Vorbild, mit großem Erfolg vor allem in Deutschland und Österreich. Maria Montessori liegt übrigens auf dem Campo Verano begraben, wo auch Schauspielerlegende Marcello Mastroianni seine letzte Ruhe fand.
INFO: Campo Verano/Cimitero del Verano. Piazzale del Verano, 1, tägl. geöffnet.

Die Studenten lassen sich von der strengen Architektur der Città universitaria La Sapienza nicht stören und genießen sonnige Pausen unter herrlichen Palmen (oben und unten).

Nicht Sankt Peter, sondern San Giovanni in Laterano ist der Bischofssitz von Rom.

Die Apsis wie auch die Seitenschiffe der Lateran-Kirche beeindrucken durch ihre Dimensionen (oben, rechts unten), der Kreuzgang durch die filigranen Steinmetzarbeiten (unten). Nicht versäumen sollte man den Besuch der Scala Santa ganz in der Nähe: Es gibt kaum einen Ort in Rom, der mehr verehrt wird (rechts oben).

31 San Giovanni in Laterano

Die Kirche aller Kirchen

Nicht Sankt Peter ist das Haupt aller Kirchen Roms und der Welt, wie oft irrtümlich angenommen, sondern die Johannes dem Täufer geweihte Laterankirche ist das ranghöchste Gotteshaus der katholischen Welt. Kaiser Konstantin der Große ließ sie als erste christliche Basilika Roms erbauen, doch ist davon nichts mehr erhalten. Die Gestaltung des jetzigen Baus geht auf das 17. Jahrhundert zurück.

Bis zum päpstlichen Exil von Avignon 1309 waren die Laterankirche und der angeschlossene Palast Sitz des Papstes, und noch heute ist sie die Bischofskirche der Ewigen Stadt. So lautet die Inschrift über der Hauptfassade aus Travertin auch »Haupt und Mutter aller Kirchen Roms und des Erdenkreises«. Bis 1870 krönte man hier sämtliche Päpste, auch wenn diese sich nach ihrer Rückkehr aus Avignon im Apostolischen Palast des Vatikans eingerichtet hatten. Bis heute führt der Papst in seiner Funktion als Bischof von Rom am Gründonnerstag die zeremonielle Fußwaschung der Armen durch.
Im Laufe der Jahrhunderte wurde die Kirche immer wieder erweitert und umgebaut, die frühchristliche Basilika ist daher lediglich am fünfschiffigen Grundriss mit Querhaus erkennbar. Die weit gespannte Travertinfassade schuf der spätbarocke Baumeister Alessandro Galilei im Jahr 1735. In der Vorhalle entfaltete er sein ganzes Können: Hier steht eine Statue Konstantins, des kaiserlichen Grundsteinlegers, die man auf dem Quirinal fand. Die zentralen Bronzetüren hingegen stammen aus der antiken Kurie auf dem Forum Romanum. Im Jahrhundert zuvor, anlässlich des Heiligen Jahres 1650, erneuerte Francesco Borromini den 130 Meter langen Innenraum in barockem Stil. Um einen einheitlichen Raumeindruck zu gewinnen, bündelte der Architekt die Säulen des Mittelschiffs zu Pfeilerpaaren und stellte in deren Nischen imposante, mehr als vier Meter große Apostelstatuen von verschiedenen Bildhauern auf. Aus dem 16. Jahrhundert erhalten ist die prachtvolle vergoldete Kassettendecke von Vico di Raffaele sowie der Boden, den Künstler der Cosmatenschule gestalteten.
Zu den bedeutendsten Kunstwerken zählt das Fresko-Fragment, das dem berühmten Malerfürsten Giotto, dem Wegbereiter der Renaissance, zugeschrieben wird. Es schmückt die Rückwand einer der Pilaster und stellt Papst Bonifaz VIII. bei der Ausrufung des ersten Jubeljahrs 1300 dar.

Der Altar des Papstes

Das Querschiff, von Giacomo della Porta Ende des 16. Jahrhunderts umgestaltet, ist ausgemalt mit Fresken wie »Die Taufe Kaiser Konstantins« oder »Die Gründung der Laterankirche«. In seiner Mitte erhebt sich der Papstaltar, an dem allein der Papst die Heilige Messe lesen darf. Der Aufsatz enthält silberne Kopfreliquiare mit den Häuptern der Apostel Petrus und Paulus. Überragt wird der Altar von einem von vier Säulen getragenen und mit schönen Fresken versehenen gotischen Baldachin, dem wichtigsten Werk von Giovanni di Stefano aus Siena. Im Chor dahinter prunkt das goldgrundige Apsismosaik mit Christus und Heiligen wie Antonius von Padua und Franz von Assisi.

Kreuzgang und Baptisterium – Juwelen aus früher Zeit

Ein besonderer Augenschmaus ist der Kreuzgang, der 1220 von Pietro Vassalletto und seinem Sohn aus der Schule der Cosmaten geschaffen wurde. Das erlesene Bauwerk zieren reizvolle mit glänzenden Mosaiken ausgestattete Säulen. An den Wänden sind die Überreste aus der frühchristlichen Kirche aufgereiht, darunter einer der ersten noch existierenden Papstthrone.
Im Hof des Kreuzgangs befindet sich ein hübscher Brunnen mit der für die langobardische Kunst typischen Bandornamentik. Noch bedeutsamer als der Kreuzgang ist das Baptisterium San Giovanni in Fonte, das sich gleich neben der Basilika erhebt. Es gehört zu den ältesten von Kaiser Konstantin beauftragten Lateranbauten. Auf wundervolle Weise blieb es nach seinem Wiederaufbau im 5. Jahrhundert fast komplett in seiner ursprünglichen achteckigen Form erhalten, sodass es als einziges Baptisterium frühchristlicher Zeit zum Prototyp christlicher Taufhäuser wurde.

EINE TREPPE, DIE HEILIG IST

Gegenüber des Lateranpalasts wurden nach dem Abriss des Vorgängerbaus die Privatkapelle der Päpste, die Cappella Sancta Sanctorum sowie die »Scala Santa«, die »Heilige Treppe«, verlegt. Die aus 28 steinernen Stufen bestehende Scala Santa soll Christus hinaufgegangen sein, als er Pilatus vorgeführt wurde. Konstantins Mutter Helena hat sie der Legende nach von Jerusalem nach Rom gebracht. Seither wird die Treppe aufs Höchste verehrt. Es ist schon ein bewegendes Bild, wenn die Strenggläubigen nur auf Knien rutschend ihre ehrfurchtsvoll mit Holz verkleideten Stufen erklimmen.

WEITERE INFORMATIONEN

San Giovanni in Laterano: Piazza di San Giovanni 4, geöffnet April–Sept. Mo–Fr 7–19 Uhr, Okt.–März 7–18 Uhr, Baptisterium 12.30–16 Uhr geschl.
Scala Santa und Cappella Sancta Sanctorum: Piazza di San Giovanni 14, geöffnet April–Sept. 6–12 und 14.30–18.30 Uhr, Okt.–März 6–12 und 15–19 Uhr

Der Parco Savello auf dem Aventin-Hügel ist einer der schönsten Aussichtspunkte in Rom (oben). Das Museum Centrale Montemartini, hier die Statue des Icarus, bietet Antikes in moderner Umgebung (Mitte), auf dem Markt auf der Piazza Testaccio gibt es viel Frisches in uriger Atmosphäre (unten). Erholung findet man im Rosengarten auf dem Aventin (rechts).

Von Aventin bis Ostiense

Durch das Frigidarium spazieren heutzutage die Besucher und erahnen dabei, wie die Römer hier einst badeten und sich erholten (oben). Mosaik eines Eroten auf einem Meeresungeheuer (unten). Aufführung von »Schwanensee« in den Caracalla-Thermen (rechte Seite oben). Der Umfang der Bäderanlage war einfach riesig (rechte Seite unten).

32 Caracalla-Thermen

Römische Badefreuden

Noch heute glaubt man bei einem Spaziergang durch die gewaltigen Ruinen der Caracalla-Thermen einen Widerhall der vergnügten Rufe der Badegäste zu hören, die hier vor rund 1800 Jahren Vergnügen und Entspannung suchten. Neben den Diokletians- und den Trajans-Thermen, denen Roms Hauptbahnhof, die Stazione Termini, ihren Namen verdankt, gehörten sie zu den größten öffentlichen Bädern der Kaiserzeit.

Rund 25 Hektar bedeckte die Anlage am Fuß des kleinen Aventin, die täglich bis zu 8000 Besucher aufnehmen konnte. Die Badeanlagen selbst waren in einem 40 Meter hohen Zentralbau mit einer Länge von rund 220 mal 112 Metern untergebacht.

Öffentliche Thermen waren damals fester Bestandteil der Wohlfahrtspolitik im Zeichen von *Panem et circenses*, Brot und Spielen. Damit wollten die Kaiser das einfache Volk im Zaum halten, denn für die Macht des Imperators gab es keine größere Gefahr als ein Aufstand der Bürger. So war der Eintritt in die Thermen grundsätzlich kostenlos und selbst Sklaven gestattet. Trotzdem sollte der Besuch der Bäder nicht nur das Vergnügen des kleinen Mannes sein, sondern auch reiche Römer nahmen dieses Angebot gern wahr.

Die Idee für die Thermenanlage geht noch auf Septimius Severus zurück, aber erst sein Sohn Caracalla begann 212 n. Chr. mit deren Bau, der – gemessen an den Ausmaßen – in einer Rekordzeit von nur vier Jahren fertiggestellt wurde.

Antiker Vergnügungskomplex

Im Grunde waren die Thermen nicht nur Badeanstalt, sondern ein riesiger Vergnügungskomplex. So gab es eine öffentliche Bibliothek mit griechischen und römischen Schriften sowie großzügige Gymnastik- und Fitnessräume, in denen man sich im Fechten, Ringen oder Boxen üben konnte. Während die umliegenden Gärten zum Spaziergang einluden, lockten die in der nördlichen Umfriedungsmauer untergebrachten Läden und Buden mit einem großen Angebot an Waren und Dienstleistungen vom Friseur bis zum Lustknaben. Daneben boten Tavernen und fliegende Händler Badegästen kleine Snacks und Erfrischungen an. Wer es sich leisten konnte, brachte eigene Haussklaven mit. Für Besucher mit

kleinerem Geldbeutel gab es zahllose Bader und Masseure, die lautstark ihre Dienste anpriesen.
Der eigentliche Badekomplex entsprach dem Aufbau aller großen Thermenanlagen der Kaiserzeit. So begaben sich die Besucher zunächst ins Apodyterium zum Umkleiden. Daran schloss sich ein etwa 50 mal 20 Meter großer Sportplatz an, von dem man ins Laconium, das Schwitzbad, gelangte. Weiter ging es ins 40 bis 50 Grad warme Caldarium, das von einer Kuppel mit 36 Metern Durchmesser überspannt war. Darauf folgte das Tepidarium mit nur noch 30 bis 40 Grad, bevor das Baderitual mit einem Sprung ins kalte Wasser des Frigidariums beendet wurde oder man ein Bad im großen Außenschwimmbecken nahm.

Fußbodenheizung

Für die Wasserversorgung war eigens ein neues Aquädukt gebaut worden, das an der Südseite der Anlage in eine gewaltige Zisterne mündete, von wo das Wasser durch Bleirohrleitungen in die zahllosen Becken und Brunnen geleitet wurde.

Direkt unter dem Caldarium befand sich die »Heizzentrale«, Mittelpunkt eines ausgeklügelten Hypokaustensystems, mit dessen Hilfe Wasser und Räume erwärmt wurden. In rund 50 Öfen verfeuerte man täglich etwa zehn Tonnen Holz. Der erzeugte Wasserdampf wurde durch ein Röhrensystem unter die Fußböden geleitet, weshalb die entsprechenden Räumlichkeiten auf Steinsockeln errichtet wurden – eine Art antike Fußbodenheizung. Aber der Dampf konnte auch in die aus Hohlziegeln gebauten Wände geleitet werden, was eine besonders angenehme Strahlungswärme erzeugte.
Es ist das Verdienst von Papst Paul III. Farnese, dass ein großer Teil der kunstvollen Marmorverkleidungen und Skulpturen, die die Thermen einst zierten, gerettet wurde: Der Kirchenmann ließ sie für die Ausstattung des Petersdoms und des Palazzo Farnese bergen. Zwei monumentale »Badewannen« aus ägyptischem Granit aus den Caracalla-Thermen sind heute noch als Teil der beiden Brunnen auf der Piazza Farnese zu bestaunen.

ATMOSPHÄRISCHER MUSIKGENUSS

Jedes Jahr zur Sommersaison verwandeln sich die antiken Ruinen der Caracalla-Thermen in den Schauplatz eines ganz besonderen Opern- und Ballettfestivals unter freiem Himmel, dessen Geschichte bis ins Jahr 1937 zurückreicht. Damals standen in einer Inszenierung von Gaetano Donizettis »Lucia di Lammermoor« mit Toti dal Monte sowie Beniamino Gigli die größten Stimmen ihrer Zeit auf der Bühne. Am Pult der nicht minder bekannte Olivierio De Fabritiis. Die 1500 Quadratmeter große Bühne war zu ihrer Zeit die größte der Welt.
Mittlerweile gehören die Festspiele des Teatro dell'Opera di Roma und internationaler Gaststars fest zum Terminkalender von Opernfreunden. Wenn über den Ruinen die Sterne blitzen und sich auf der Bühne das dramatische Geschehen entfaltet, fühlt man sich wie in einer anderen Welt. Karten gibt es zwar oft kurzfristig, wer sicher gehen will, einen guten Platz zu ergattern, sollte sein Ticket vorab reservieren.

WEITERE INFORMATIONEN

Caracalla-Thermen: Viale delle Terme di Caracalla, 52, geöffnet Di–So 9 Uhr–1 Std. vor Sonnenuntergang, Mo 9–14 Uhr, Eintritt 6 €

Bogenbauten stützen noch immer die Ruinen des Septimius-Severus-Palasts auf dem Palatinhügel (oben). In der größten Arena der Geschichte fanden bis zu 385 000 Menschen Platz: der Circo Massimo (unten und rechts unten). Preislich erschwingliche und dennoch stilvolle Ferienwohnungen werden unter www.housetrip.com angeboten (rechts oben).

33 Circo Massimo

Ort des legendären Wagenrennens

Kaum ein antikes Bauwerk, von dem wenig mehr als eine weite Grasfläche und ein paar kümmerliche Mauer- und Tribünenreste erhalten sind, hat sich tiefer ins kollektive Gedächtnis der westlichen Welt eingegraben als der Circus Maximus. Grund dafür ist eine legendäre Rennszene im Hollywood-Sandalenspektakel »Ben Hur« aus dem Jahr 1959 mit Charlton Heston in der Rolle des mutigen Rebellen.

Erstaunlicherweise gibt das Leinwandepos den Ablauf dieses für Wagenlenker wie Pferde nicht ungefährlichen Wettkampfs sehr detailgetreu wieder. Mit einer Länge von etwa 621 Metern und einer Breite von immerhin 140 Metern war der Circus Maximus nicht nur das erste, sondern auch das größte Stadion dieser Art im römischen Imperium und wurde zum Vorbild unzähliger Circi im gesamten Reich. Zur Kaiserzeit soll der Circus bis zu 150 000 Besucher gefasst haben, in der Spätantike gar 300 000. Und noch heute versammeln sich die Römer bei wichtigen Ereignissen hier – wie z.B. bei der Feier des Fußballweltmeistertitels 2006.

Sagenumwobene Geschichte

Die Ursprünge dieser antiken Wettkampfstätte verlieren sich in mythischer Vorzeit. Livius berichtet in seiner Geschichte Roms, der Stadtgründer Romulus persönlich habe während eines Fests für den Gott Consus die ersten Wagenrennen zwischen Aventin und Palatin abgehalten. Freilich nicht ohne Hintergedanken: Da er wusste, dass er mit dem Wettkampf die Aufmerksamkeit seiner Gäste ablenken konnte, ließ er seine Männer in der Zwischenzeit deren unverheiratete Töchter entführen, die sich alsbald als Gattin eines strammen Römers wiederfanden. In die Mythologie eingegangen ist dieses Verbrechen als Raub der Sabinerinnen.

Tatsächlich vermutet man, dass die sumpfige Senke zwischen den beiden Hügeln bereits im 7. Jahrhundert v. Chr. trockengelegt und als Austragungsort für unterschiedliche Wettkämpfe genutzt wurde. Livius zufolge war es dann der erste etruskische König der Stadt, der auf dem Areal hölzerne Zuschauertribünen für Adel und Patrizier errichten ließ, die sein Enkel Tarquinius Superbus erweiterte und auch dem einfachen Volk zugänglich machte. Bei Einstürzen dieser wackeligen Konstruktionen auf dem durchfeuchteten Untergrund sollen jedoch, so Livius weiter, zahlreiche Menschen ums Leben gekommen sein.

Die ersten Tribünen aus Marmor stammen aus der Zeit Cäsars, doch erst unter Kaiser Trajan wurde das gesamte Bauwerk komplett in Stein und einem betonähnlichen Verbundwerkstoff ausgeführt, was die Feuersicherheit erhöhte. Die maximale Ausbaustufe war wohl erst im 4. Jahrhundert erreicht. Die beiden von Augustus und Konstantin II. auf der Trennmauer in der Mitte der Rennbahn errichteten Obelisken stehen heute auf der Piazza del Popolo beziehungsweise vor dem Lateranpalast.
Unsere weitreichenden Kenntnisse der spätantiken Form des Circus verdanken wir vor allem einem im ligurischen Luna freigelegten Fußbodenmosaik aus dem 3./4. Jahrhundert, das den Circus äußerst detailgetreu wiedergibt.

Mythos Pferderennen

Doch das gewaltige Halboval diente nicht nur als Austragungsort für Wagenrennen, sondern auch als repräsentative Kulisse anderer Massenspektakel wie der *Ludi Circenses*. Oft mehrtägige, öffentliche Festlichkeiten zu Ehren von Göttern oder zur Erinnerung an wichtige Ereignisse in der Stadtgeschichte, in deren Rahmen Tierhetzen und Gladiatorenkämpfe im Circus stattfanden, meist finanziert von wohlhabenden Bürgern, die ein öffentliches Amt anstrebten und sich mithilfe des kostenlosen Unterhaltungsprogramms beim Volk wie bei den Göttern beliebt machen wollten.
Doch zurück zu den Rennen: Bis zu zwölf leichte, von je vier Pferden gezogene Wagen starteten gleichzeitig. Die Startpositionen wurden ausgelost und die Teams farblich unterschieden. Meist umfasste ein Rennen sieben Runden und dauerte zehn bis zwölf Minuten. Die absolvierten Runden wurden mit weithin sichtbaren vergoldeten Delfinen auf der *spina*, einer Art Mittelleitplanke, angezeigt. Das letzte Rennen fand der Überlieferung nach anno 549 statt.

WOHNEN WIE DIE RÖMER

Gute und vor allem bezahlbare Hotels sind in Rom Mangelware. Oft hat man den Eindruck, jeder, der ein paar Quadratmeter Raum übrig hat, funktioniert diese mal eben in einen Beherbergungsbetrieb um, der den Namen Hotel meist nicht wirklich verdient. In Plastikfolie eingeschweißte Cornetti zum Frühstück inklusive. Warum deshalb nicht mal ein eigenes Apartment mieten und sich ein paar Tage fühlen wie ein echter Römer? Die größte Auswahl an attraktiven Wohnungen für jeden Geldbeutel und Geschmack bietet aktuell das Portal HouseTrip.com. Hier findet man die passende Bleibe für jede Gelegenheit und in allen Teilen der Megacity – ob Ein-Zimmer-Apartment oder exklusives Penthouse mitten im Centro Storico. Gebucht wird einfach übers Netz. Oft können einem die privaten Wohnungseigentümer echte Insidertipps geben, wo man die angesagtesten Shops, besten Trattorien und schrägsten Souvenirs findet – einfach nachfragen.

WEITERE INFORMATIONEN

Circo Massimo: Zwischen der Via dei Cerchi und der Via del Circo Massimo
Apartments buchen: www.housetrip.com

Ob Jung oder Alt, jedermann möchte diese wunderbaren Blüten im Rosengarten auf dem Aventin gern in einem Bild verewigen. Ein Jahr zuvor wurden die Rosen angepflanzt, um nun prämiert zu werden (oben und unten).

34 Rosengärten des Aventin

Blütenduft und Augenweide

Jahrhundertelang diente der östliche Teil des Aventinhügels gleich neben dem Circus Maximus als jüdischer Friedhof. Heute ist hier innerhalb der Umfriedung des Roseto Communale eine der größten und schönsten Rosensammlungen der Welt zu bestaunen.

Die Landschaftsarchitektur erinnert noch heute an die jüdischen Wurzeln: Die Wege sind den sieben Armen der Menora nachempfunden, und blühende, herrlich duftende Rosenbüsche flankieren diese. Die Zypressen am unteren Ende des Gartens stammen aus der Zeit, als der Park als Friedhof gedient hat, der erst um 1895 aufgegeben wurde. Doch schon in der Antike stand auf dem Aventin ein Tempel, der der Göttin Flora geweiht war, und jedes Jahr im Mai wurden ihr zu Ehren im angrenzenden Circus die *Ludi Florales* abgehalten.

Made in America

Dass Rom überhaupt einen Rosengarten hat, ist der Countess Mary Gayley Senni aus Pennsylvania zu verdanken, die auf ihrem im Süden bei Grottaferrata gelegenen Landgut besonders schöne Exemplare nach englischem Vorbild gezüchtet hatte. Im Jahr 1924 schenkte sie der Stadt eine Auswahl ihrer Preziosen – und damit den Grundstock für die heutige Blütenpracht – mit der Bitte, Rom möge dafür einen öffentlichen Park anlegen. Aber erst nach einigen Irrungen und Wirrungen in der Zeit des Faschismus kam der Park, nach einer Zwischenstation auf dem Colle Oppio in den 1950er-Jahren zu seiner endgültigen Form und heutigen Lage.

Obwohl nur rund einen Hektar groß, finden Rosenliebhaber hier auf engstem Raum über 1100 Rosensorten aus 20 Ländern. Darunter so seltene wie *Rosa chinensis viridiflora*, eine winzige Spezies aus China mit ganz grüner Blüte oder *Rosa omeiensis pteracantha* mit fast durchsichtigen Dornen, die an Engelsflügel erinnern. Jedes Jahr im Mai wird der Garten außerdem zum Schauplatz des prestigeträchtigen *Premio Roma*, ein internationaler Rosenwettbewerb, der im Jahr 1933 zum ersten Mal abgehalten wurde. In einem separaten Oval im unteren Teil des Gartens kann man sämtliche Champions dieses Wettbewerbs in all ihrer Pracht bewundern.

Zugänglich ist der Garten für die Öffentlichkeit nur während der Blütezeit. Der Eintritt ist frei, und regelmäßig finden historische beziehungsweise botanische Führungen statt.

INFO: Roseto Comunale. Via di Valle Murcia, 6, geöffnet Anfang Mai–Mitte/Ende Juni tägl. 9–19.30 Uhr

35 Aurelianische Mauer

Antikes Bollwerk gegen den Feind

Die Aurelianische Mauer – wichtigstes Verteidigungsbollwerk Roms – friedet den Kern noch heute wie ein etwas aus den Fugen geratener Stern ein. Im Lauf der Jahrhunderte immer wieder verstärkt, konnte aber auch sie den Verfall der Stadt unter dem Ansturm der Barbaren und infolge der inneren Konflikte nicht verhindern.

Ihr Name verweist auf ihren Erbauer Mark Aurel (270–275 n. Chr.), der den Bau in Auftrag gab; vollendet wurde sie aber erst durch dessen Nachfolger Probus. Zwar besaß die Stadt schon zuvor eine ringförmige Befestigungsanlage aus der Zeit Kaiser Severins, aber die Metropole war im Lauf der Zeit über ihre bisherigen Grenzen hinausgewachsen. Heute zählt das vor allem aus gemauerten Ziegeln errichtete Bauwerk zu den besterhaltenen antiken Monumenten Roms. Ein besonders schöner Abschnitt erstreckt sich bei der Porta San Sebastiano.

Ein Zeichen der Schwäche

Obwohl Rom mit dem 19 Kilometer langen, 6 Meter hohen und rund 3,5 Meter tiefen Bollwerk mit 383 Wehrtürmen Stärke demonstrieren wollte, war die Mauer doch im Grunde eher ein Eingeständnis der Schwäche, denn mittlerweile musste selbst das Herz des Imperium Romanum mit Angriffen germanischer Horden rechnen. Die waren rund 20 Jahre zuvor erstmals auf italienisches Territorium vorgestoßen, hatten das Kernland der Halbinsel allerdings noch nicht erreicht. Doch Roms Armee hatte nicht einmal genügend Soldaten, die Mauer effektiv zu besetzen.

Um die Sache zu beschleunigen, wurden viele bereits vorhandene Bauten in den Wall integriert, darunter Teile des Aquädukts Aqua Claudia und das Amphitheater Castrense. Weiter verstärkt wurde die Mauer im 4. Jahrhundert unter Maxentius, Honorius und Arcadius, die das Bauwerk auf fast elf Meter erhöhen und die Engelsburg intergrieren ließen. Ähnlich wie ihre Vorgängerin wurde die neue Mauer im 19. Jahrhundert von der stetig wachsenden Stadt überwuchert.

Eine kleine Rolle spielte sie noch einmal, als Papst Pius IX. versuchte, den Kirchenstaat vor anrückenden italienischen Truppen zu retten. Doch am 20. September 1870 durchbrachen die Soldaten unweit der Porta Pia das Bollwerk, nahmen die Stadt fast widerstandslos ein und vollendeten damit die Einheit des Landes.

INFO: Museo delle Mura. Via di Porta San Sebastiano, 18, geöffnet Di–So 9–14 Uhr, Eintritt 4 €, www.museodellemuraroma.it

Die Porta Maggiore war nicht nur Eingang zum antiken Rom, sondern auch Teil eines Aquädukts (oben). Die Aurelianische Mauer in der Via Campania (unten).

Vor allem ausländische Romliebhaber ruhen auf dem Cimitero Acattolico (oben). Der sonntägliche Flohmarkt bei der Porta Portese bietet eine Fülle an günstigen Artikeln (rechts oben). In einem kleinen Park des Cimitero Acattolico kann man sich eine schöne Pause mit Blick auf die Cestius-Pyramide und die Porta S. Paolo gönnen (rechts unten).

36 Cestius-Pyramide und Cimitero Acattolico

Berühmte Grabstätten

Vielleicht ist sie nicht ganz so imposant wie ihre ägyptischen Vettern, trotzdem ist die unweit der Porta San Paolo und direkt neben dem alten Protestantischen Friedhof gelegene Cestius-Pyramide noch heute eines der beeindruckendsten Bauwerke der Stadt. Errichtet in nur 330 Tagen, diente sie einst als Grabstätte des wohlhabenden Praetors Caius Cestius.

Spätestens seit Kleopatras legendärer Stippvisite in ihrer Stadt 46 v. Chr. begannen sich die Römer für alles zu interessieren, was aus dem exotischen Reich entlang des Nils kam – ob Mode oder Götter. Aber mit der Eroberung Ägyptens durch Oktavian, der die reiche Kornkammer wenig später zur römischen Provinz machte, brach in der Stadt eine regelrechte Ägyptomanie aus. Und so kamen einige wohlhabende Römer auf die Idee, sich wie einst die Pharaonen stilecht in einer Pyramide bestatten zu lassen. Schließlich hatten pompöse Grabmale in Rom seit jeher Konjunktur, wie die Engelsburg oder das Grab der Caecilia Metella beweisen.

Grabmal mit Geschichte

Ursprünglich war das exzentrische Grabmal Teil einer Nekropole an der Via Ostiense. Beim Bau der Aurelianischen Mauer im 3. Jahrhundert wurde es in die neuen Befestigungsanlagen integriert.

Mit 36,5 Metern erreicht das Monument rund ein Viertel der Höhe der Cheops-Pyramide in Gizeh und gilt als einer der ältesten datierbaren Ziegelbauten Roms. Die aufgemauerte Konstruktion auf einem Travertin-Fundament wurde außen mit weißem Marmor verkleidet. Die Spitze soll ursprünglich vergoldet gewesen sein. Eine kleine Pforte an der Westseite führt am Ende eines zehn Meter langen Gangs in die heute leere Grabkammer, die rund vier mal sechs Meter misst und in der einige Fresken erhalten sind.

Im Mittelalter wurde die Cestius-Pyramide irrtümlich für Meta Remi, das Grab des Remus, gehalten, während die Gebeine seines Bruders Romulus in einem ähnlichen Bau zwischen Engelsburg und Vatikan vermutet wurden. Diese Pyramide wurde jedoch im Auftrag von Papst Alexander VI. Ende des 15. Jahrhunderts abgetragen, um die Zugangsstraßen zum Vatikan zu verbreitern.

Erst als die von Pflanzen überwucherte und teilweise mit Erdreich bedeckte Cestiuspyramide auf Geheiß von Papst Alexander VII. 1663 freigelegt wurde, kamen die alten Inschriften wieder zum Vorschein, die den wahren Ursprung des Bauwerks als Cestius-Grab dokumentieren. Aus dieser Zeit stammt auch der Zugang zur Grabkammer, denn ursprünglich war die Pyramide wie ihre ägyptischen Vorbilder hermetisch verriegelt. Im 18. und 19. Jahrhundert entwickelte sich eine Stippvisite bei der Pyramide dann zu einem unverzichtbaren Programmpunkt der Grand Tour. Dadurch wurde das Grabmal zum Vorbild zahlreicher Pyramidennachbauten inner- und außerhalb Italiens.

Der Friedhof der Protestanten

Westlich der Pyramide schließt sich der Cimitero Acattolico an, wo seit 1738 Nichtkatholiken bestattet wurden, denen ein Grab auf einem der Friedhöfe innerhalb der Stadtmauern verwehrt blieb. Lange nicht viel mehr als eine Schafweide, durften die Toten hier nur nachts begraben und weder Grabsteine noch Kreuze errichtet werden. Später musste eine päpstliche Kommission die Grabinschriften genehmigen.

Heute gilt das erst Ende des 19. Jahrhunderts mit einer Mauer eingefasste Gräberfeld als einer der schönsten Friedhöfe der Welt. Tatsächlich erinnert die Anlage an einen idyllischen Park, in dem Zypressen, Buchs und Lorbeer Schatten spenden, Efeu und Rosen die alten Grabstelen überwuchern und zahllose Katzen herumstreunen. Ein Großteil der knapp 4000 hier Bestatteten stammte aus England und Deutschland, darunter zahlreiche Literaten, Künstler und Historiker. Sie waren fast alle im Sog der im Norden schwelenden Italiensehnsucht des 18. und 19. Jahrhunderts in die Stadt am Tiber gekommen. Zu den prominentesten Gräbern zählen die von John Keats und Percy Shelley, aber auch jene des deutschen Malers Hans von Marées oder des Architekten der Dresdner Oper, Gottfried Semper.

SECONDHAND-VERGNÜGEN

Jeden Sonntag findet um die Piazza Porta Portese und die Piazza Ippolito Nievo bis hin zum Viale Trastevere Roms größter Flohmarkt statt. Es gibt nichts, was es hier nicht gibt – selbst kurz zuvor gestohlene Brieftaschen oder Kameras tauchen gelegentlich wieder auf … Wer ein echtes Schnäppchen machen will, muss aber früh aufstehen, denn das bunte Treiben beginnt gegen 6.30 Uhr. Trödelprofis belauern die Händler dann schon beim Auspacken. Zu haben sind neben echten Antiquitäten – vor allem Möbel, Kristall und Porzellan – auch jede Menge Nippes und Billigelektronik. Dazwischen türmen sich nachgemachte »Designerstücke« der Kultlabel Gucci oder Prada. Doch Vorsicht: Auf den Kauf von Markenfälschungen steht in Italien seit einigen Jahren Strafe. Für das leibliche Wohl empfehlen sich etwa die Paninos mit gefülltem Spanferkel (*porchetta*).

WEITERE INFORMATIONEN

Cestius-Pyramide: Piazza Porta S. Paolo, Porta Portese
Cimitero Acattolico: Via Caio Cestio, 6, geöffnet Mo–Sa 9–17 Uhr (letzter Einlass 16.30 Uhr), So 9–13 Uhr (letzter Einlass 12.30 Uhr), www.cemeteryrome.it
Flohmarkt: Piazza Porta Portese und umliegende Straßen, geöffnet So 6.30–13 Uhr

Bei der Anfahrt in die Stadt sticht die Fassade San Paolo fuori le Mura ins Auge (oben). Ein großartiger Eindruck, der sich im Inneren verstärkt, etwa durch das Apsismosaik (unten). In der Kirche soll sich das Grab des hl. Paulus befinden (rechts unten). In ungewöhnlicher Umgebung lässt sich antike Kunst in der Centrale Montemartini studieren (rechts oben).

37 San Paolo fuori le Mura

Kirche Nummer zwei

Wo die Römerin Lucina die sterblichen Überreste des Apostels Paulus nach dessen Enthauptung begrub, ließ Kaiser Konstantin der Große eine Grabkapelle errichten. Im 4. Jahrhundert gestalteten sie die Kaiser Theodosius und Honorius um zu einer prächtigen Säulenbasilika, die 1823 einer Feuersbrunst anheimfiel. Sofort begann der Wiederaufbau, wobei Rücksicht auf das altchristliche Vorbild genommen wurde.

Lange Zeit war die Basilika, außerhalb der Stadtmauern etwas abseits im Ostiense-Viertel gelegen, Roms größter Sakralbau. Doch als dann die Peterskirche in heutiger Gestalt entstand, wurde die Patriarchalkirche auf den zweiten Rang verwiesen. Großartig ist die Wirkung der fünfschiffigen Basilika dennoch. Schon von außen beeindruckt sie mit einem vierseitigen Säulengang, der den begrünten Vorhof umschließt. Zusammen mit der prächtigen Mosaikfassade vermittelt er den Eindruck einer typischen römischen Basilika. Bevor man die fünfschiffige Kirche betritt, sind die 1070 in Konstantinopel entstandenen Bronzetüren beachtenswert, die noch aus dem Vorgängerbau stammen. Geradezu mystisch wirkt die Atmosphäre des gewaltigen 120 Meter messenden Innenraums, verursacht durch doppelreihige Alabasterfenster. Durch sie flutet das Tageslicht nur gedämpft auf die 80 monolithischen Granitsäulen herab, die dem Raum eine klassische Prunkhaftigkeit verleihen. Bemerkenswert ist die lange Ahnenreihe der Päpste zwischen den Fenstern und Säulen längs der Schiffe. Sämtliche Stellvertreter Gottes, von Petrus angefangen, sind auf großen Mosaikmedaillons dargestellt.

Kostbarkeiten der Gotik

Eine besondere Kostbarkeit ist das gotische Ziborium aus dem 13. Jahrhundert. Der Baldachin über dem Altar, der harmonisch auf vier Porphyrsäulen ruht, ist eine herausragende Arbeit von Arnolfo di Cambio. In der *confessione*, einer Grabkapelle darunter, ruhen in einem Marmorsarkophag die geheiligten Reliquien des Apostels. Rechts vom Baldachin erhebt sich der berühmte 5,60 Meter hohe Kandelaber für das Osterlicht, ein Meisterwerk der römischen Bildhauer Nicolò dell'Angelo und Pietro Vassalletto, die ihn im 12. Jahrhundert aus Marmor meißelten und prachtvoll mit antikisierenden Tierfiguren, Pflanzen und Szenen aus der Passion Christi schmückten. Ebenso die Feuersbrunst überdauert haben – wenngleich stark restauriert: das von venezia-

nischen Künstlern im 13. Jahrhundert erschaffene Apsidenmosaik mit segnendem Christus und Stifterpapst Honorius III. wie auch das im 5. Jahrhundert von Kaiserin Galla Placidia in Auftrag gegebene Jesus-Mosaik am Triumphbogen, dem einzigen noch originalen Architekturelement der Basilika.

Wundertätiges Kruzifix

Die Sakramentskapelle, die ihren Zugang vom Seitenschiff hat, ist die einzige, die das Feuer verschont hat. Ihr Gewölbe ist mit einem großen Mosaikbild auf Goldgrund bedeckt, und die verkürzte Apsis des Raums lässt die griechische Kreuzform der Basilika klar erkennen. Hier wird das wundertätige Kruzifix verehrt, das zur heiligen Brigitta sprach. Der Spätrenaissance-Skulpteur Stefano Maderno verewigte die Heilige in Andacht versunken als Marmorstatue. Auf dem kunstvoll gelegten Fußboden erhebt sich der päpstliche Altar, daneben ein verspieltes Weihwasserbecken aus dem 19. Jahrhundert. Pietro Galli schuf es, ein eifriger Schüler des Neoklassizisten und Romliebhabers Bertel Thorvaldsen. In der Kapelle befindet sich auch der Zugang zum Kreuzgang des anschließenden Benediktinerklosters, ein wahres Meisterwerk an Eleganz und Reichhaltigkeit an Meißel- und Einlegearbeiten. Getrost darf man ihn als eines der Glanzstücke römischer Steinmetze ansehen, allen voran Pietro Vassalletto, der der berühmten Künstlergruppe der Cosmaten angehörte. Zwar sind die Umgänge kleiner als im Lateran, doch reicher geschmückt und von großer Vielfalt der mosaikbesetzten Säulenformen. 1907 bekam der Kreuzgang sein Dach in ursprünglicher Form zurück, sodass er heute wieder ganz in seiner alten Pracht zu bewundern ist.

EIN MUSEUM DER GANZ BESONDEREN ART

Ein weithin sichtbares Symbol des alten Arbeiterquartiers Ostiense ist das Gazometer. Wie das anschließende Testaccio ist auch dieser Stadtteil ein Viertel im Umbruch, ein Versuchslabor für die Avantgarde. Interessantestes Beispiel ist das einstige Wasserkraftwerk Centrale Montemartini, das als vorübergehendes Ausweichquartier der Kapitolinischen Museen gedacht war, doch dann zum Fixpunkt der römischen Museumskultur wurde. In höchst ungewohntem Umfeld zwischen polierten schwarzen Motoren und Turbinen gilt es, Hunderte von Giebelskulpturen, Statuen und Mosaike der Antike zu bestaunen, darunter die Standbilder »Togatus Barberini« oder die »Venus vom Esquilin«.

WEITERE INFORMATIONEN

San Paolo fuori le Mura: Viale Ostiense 186, geöffnet tägl. im Sommer 7–19 Uhr, im Winter 7–18.30 Uhr, Kreuzgang jeweils 9–13 und 15–18.30 Uhr, Eintritt 3 €, www.abbaziasanpaolo.net
Centrale Montemartini: Viale Ostiense 106, geöffnet Di–So 9–19 Uhr, Eintritt 4,50 €, www.centralemontemartini.org

Im Maschinenraum des Museums Centrale Montemartini sind antike Statuen ausgelagert.

Der Markt auf der Piazza Testaccio bietet frische Lebensmittel hübsch präsentiert an (oben und unten). Spezialität des Hauses: Ochsenschwanz bei »Cecchino dal 1887« (rechte Seite oben). Die »Ketumbar« in der Via Galvani 24 ist etwas für Nachtschwärmer, die sich gern in einer Ethno-Chill-Bar vergnügen möchten (rechte Seite unten).

38 Szeneviertel Testaccio

Party auf dem Scherbenhaufen

Auch wenn auf dem Hügel längst Gras und Bäume wachsen und das Areal rundherum dicht bebaut ist, verraten Überreste, die in manchen Lokalen noch zu sehen sind, seine wahre Herkunft: Der Name des Monte Testaccio stammt von einer Anhäufung von Scherben antiker Amphoren – und das 35 Meter hoch! Seit Langem Wohnstatt von Arbeitern und Handwerkern, entwickelt sich der Testaccio mehr und mehr zum Szeneviertel.

Den Monte Testaccio kann man mit Fug und Recht als einstige Mülldeponie der Antike bezeichnen. Systematisch wurden hier zerbrochene Öl- und Lebensmittelamphoren angehäuft, dass sich der Hügel bei einem Umfang von etwa 1500 Metern bald 35 Meter in die Höhe erhob. Schon die alten Römer hatten ein Problem mit der Entsorgung von Verpackungsmaterial – auch wenn Tonscherben natürlich sehr viel appetitlicher sind. Mit den tönernen Behältnissen, die als Tributleistung aus den Provinzen an Roms Flusshafen angeliefert wurden, transportierte man ab der Ära Augustus bis Ende des 4. Jahrhunderts Korn, Öl oder Wein in die Millionenmetropole. Die Waren wurden umgefüllt und abtransportiert und die benutzten Amphoren – vor allem die nicht wiederverwertbaren Ölamphoren – zerbrochen und auf der Schutthalde entsorgt, wie auch die zahllosen Gefäße, die beim Transport nicht heil blieben. Archäologen haben herausgefunden, dass die Scherben bis in eine Tiefe von 45 Metern reichen, und Berechnungen ergaben, dass es sich um mehrere Zehnmillionen Tongefäße gehandelt haben muss, damit die heutige Höhe entstehen konnte. Wie auch immer, das lateinische Wort für Scherben, *testae*, ist Namensgeber für das Viertel.

Das Dorf in der Stadt

Im Mittelalter wurden auf dem Hügel Passionsspiele abgehalten, woran ein Holzkreuz erinnert, aber auch Pferderennen und Kampfspiele. Lange blieb die Gegend unbewohnt, bis einfache Leute das Areal für sich eroberten, das war Ende des 19. Jahrhunderts. Arbeitgeber war das nahe Gas- und Elektrizitätswerk Montemartini oder der Seifen- und Glyzerinhersteller Mira Lanza, in dessen Fabrik heute das Teatro India Platz gefunden hat. Inzwischen leben in den für den Testaccio typischen Backsteinhäusern alteingesessene Familien neben Künstlern,

Literaten, Filmschaffenden und Studenten, die hierher auswichen, weil die Wohnungen noch bezahlbar waren. Doch der Wandel zum trendigen Szene- und Ausgehviertel hat seinen Preis. Auch hier findet wie in vielen Großstädten eine zunehmende Gentrifizierung statt.

Roms ehemaliger Bauch

Auch wenn es schick geworden ist, im Testaccio zu wohnen, ist das Viertel immer noch geprägt vom Lebensmittelmarkt und den zahllosen Osterien und Trattorien, wo man sich genüsslich und teils noch sehr urig den Bauch vollschlagen kann. Das Treiben auf dem vormittäglichen Markt an der Piazza Testaccio im Herzen des Viertels beginnt schon in aller Herrgottsfrüh. Metzger, Fisch-, Obst- und Gemüsehändler öffnen dann ihre Stände und bieten ihre Waren feil, meist aus der Region. Doch auch für blasenfreie Füße ist gesorgt – auf dem bei den Römern beliebten Markt am Samstag: Markenschuhe zum fairen Preis. Die Stadtobrigkeit hegt Pläne, den Markt umzulagern an den Fuß des Monte Testaccio, wo in den letzten Jahren eine riesige Speicherstadt ausgegraben wurde. Aber das ist Zukunftsmusik. Noch kann man an gewohnter Stelle in einem der vielen Lokale rund um den Markt echte römische Küche kosten, beispielsweise *Bucatini all'amatriciana*, das tomatige römische Nationalgericht, oder so Ausgefallenes wie *Trippa alla romana*, Rinderkutteln. Die Gerichte zählen allesamt zum Arme-Leute-Essen, zur *cucina del quinto quarta*, der »Küche des fünften Viertels«. Wenn es Nacht wird, ändert sich das Leben im Kiez schlagartig. In der Via Monte di Testaccio, die sich um den »Scherbenhaufen« der Antike windet, geht es erst nach Mitternacht so richtig los. Vor allem im Sommer und an den Wochenenden bricht die Clubszene wie ein Sturm über den Stadtteil herein. Zentrum des nächtlichen Abfeierns ist auch die Via Galvani, wo sich die meisten Discos und Livemusik-Clubs befinden.

SCHLACHTHAUSKÜCHE MIT TRADITION

Seit 1887 verwöhnt die Gastgeberfamilie Mariani hungrige Gäste mit original römischer Küche, die ihresgleichen sucht. Ihr gemütliches Restaurant »Checchino dal 1887« mit der kleinen Terrasse liegt direkt am ehemaligen Schlachthof, in dem sich heute neben einem Museum für zeitgenössische Kunst zahlreiche Abend- und Nachtlokale angesiedelt haben. Familie Mariani ist ihrer *cucina romana* immer treu geblieben. So findet man hier Traditionsgerichte wie *Trippa alla romana* (Kutteln), Rigatoni mit Ochsenschwanzragout oder auch Kalbsfüße sowie Pasta mit Kichererbsen oder dicken Bohnen auf der Karte. Da die Portionen durchaus üppig sind, sollte man einen guten Appetit mitbringen. Die Weinkarte hält einige Etiketten aus dem Latium, aber auch eine große Auswahl an edlen Tropfen aus dem restlichen Italien und der Welt bereit.

WEITERE INFORMATIONEN

Mercato di Testaccio: Piazza Testaccio, geöffnet Mo–Sa 7.30–14 Uhr
Teatro India: Lungotevere Vittorio Gassman, www.teatrodiroma.net
Checchino dal 1887: Via di Monte Testaccio, 30, geöffnet Di–Sa 12.30–15 und 20–24 Uhr, www.checchino-dal-1887.com

Der Vicolo della Torre hat den idyllischen Charme eines Dorfes (oben). Der Flohmarkt in Trastevere ist eine wunderbare Abwechslung zum Designerladen (Mitte). »Un gelato«, eine Mauer zum Sitzen, und perfekt ist eine Pause im Spätsommer (unten). Vom Faro degli Italiani d'Argentina auf dem Gianicolo-Hügel bietet sich ein einmaliger Blick auf Rom (rechts).

Trastevere

Die Loggia mit dem Fresko von Amor und Psyche in der Villa Farnesina (oben). Mit dem Fresko hat Raffael (1518) das gleichnamige Märchen dargestellt (unten). Der Garten der Villa Farnesina (rechte Seite oben). Raffaels Darstellung des Götterrats in der Loggia (rechte Seite unten).

39 Villa Farnesina

Sommersitz der Renaissance

Das Schmuckstück, vom Vatikanbankier Chigi in Auftrag gegeben, gilt als eine der ersten echten Renaissance-Villen, inmitten eines prächtigen Gartens gelegen. Sie wurde so zum architektonischen Vorbild vieler Nachfolgebauten. Besuchermagnet ist jedoch die Ausstattung von den großen Künstlern der Zeit, darunter auch der unvergleichliche Raffael, der hier eines seiner Hauptwerke entstehen ließ.

Heute in Staatsbesitz, beauftragte Antonio Chigi 1508 seinen Landsmann aus Siena, Baldassare Peruzzi, mit dem Bau dieser Sommervilla unweit des Stadtzentrums. Erst später gelangte die Villa dann in die Hände des Namenspatrons Kardinal Farnese, der sie 1577 erwarb. Die fürstliche Residenz des Vatikan-Bankiers Chigi sollte den ganzen Luxus der Zeit entfalten – was dem Baumeister zweifellos gelungen ist. Im Zentrum eines üppigen Parks gelegen, bot das zweiflügelige Gebäude, wegen Schlichtheit und Harmonie der Proportionen hoch gelobt, reichlich Raum für die rauschenden Feste, die Chigi gern zu feiern pflegte, warum er auch den Beinamen »il magnifico« erhielt. Für zahllose Künstler und Literaten, Prinzen und Diplomaten, Kardinäle und auch Päpste wurde Chigi zum perfekten Gastgeber, der sie alle aufs Fürstlichste bewirtete. Den illustren Gästen servierte man Speisen und Getränke sogar im eigenen Silberservice, das mit deren Wappen versehen war. Nach Beendigung des Festmahls wurden sie angehalten, das kostbare Geschirr einfach im vorbeifließenden Tiber zu entsorgen – was sie auch mit großem Vergnügen taten, ohne zu ahnen, dass ein verstecktes Netz aufgespannt war, in dem die silberne Gerätschaft sorgsam aufgesammelt wurde. Allzu verschwenderisch wollte Chigi dann eben doch nicht sein!

Gipfel der Renaissancemalerei

Die Ausschmückung der Villa, die größter Anziehungspunkt für die Besucher ist, übernahmen berühmte Künstler wie Giulio Romano, Sebastiano del Piombo, Sodoma, auch Baldassare Peruzzi und, allen voran, Raffael. Raffael, der unerreichte Meister der klassischen Renaissance, malte Wände und Decke der Gartenloggia mit wundervollen Fresken aus: das »Konzil der Götter« und die »Hochzeit von Amor und Psyche«. Anmutige jugendliche Gottheiten der Antike schweben durch das Rom der Päpste, griechisch-römische Ideale und Themen verschmelzen mit christlichen. Für Raffa-

els »Drei Grazien« hingegen soll Chigis Geliebte, die Kurtisane Imperia, Modell gestanden haben. Auch die Sala di Galatea hat Raffael ausgestattet. Namensgebend für den Saal ist sein Fresko »Triumph der Nymphe Galatea«. Die schöne Tochter des griechischen Meeresgotts Nereus wird vom einäugigen Zyklopen Polyphem geliebt. Doch die Liebe bleibt einseitig, die Nymphe macht sich über seine Bemühungen nur lustig. Dass Konkubine Imperia ihr Gesicht auch der spottenden Nymphe geliehen haben soll, bleibt Vermutung. Baldassare Peruzzi und Sebastiano del Piombo hinterließen im Galatea-Saal ebenfalls ihre Spuren. Peruzzi schuf an der Decke den »Sternenhimmel«, der einer humanistischen Tradition folgend die Konstellationen der Gestirne zur Geburtsstunde Chigis zeigt. Für die Lünettenfresken zeichnet del Piombo verantwortlich. Sie erzählen verschiedene Episoden aus Ovids Metamorphosen.

Sodomas Hauptwerk

Ein bedeutendes Werk von Renaissance-Maler Sodoma, dessen bürgerlicher Name Giovanni Antonio Bazzi lautete, gibt es im *piano nobile*, im Obergeschoss, zu entdecken: Ein beeindruckendes Fresko, das die Hochzeitsnacht von Alexander dem Großen mit Roxane, der Tochter des Perserkönigs Darius, thematisiert, schmückt hier das Schlafgemach von Agostino Chigi. Die Darstellung mit dem Makedonenfürsten, der seiner Braut die Krone übereignet, symbolisiert den Sieg der Liebe über alles Weltliche. Hymen und Eroten mit Liebespfeilen helfen Roxane beim Entkleiden, sie unterstreichen die Erotik der Szenerie.
Im Obergeschoss beeindruckt außerdem die Sala delle Prospettive mit illusionistischen Fresken aus der Hand Peruzzis. Hinter einem vorgetäuschten Säulengang öffnen sich Szenen bukolischer Landschaften und idealisierter Stadtveduten Roms.

RUHIGE OASE IM BUNTEN TREIBEN

Ein Kleinod der Hotellerie ist das Hotel Santa Maria in Trastevere. Mitten im Geschehen und doch in völliger Ruhe liegt es direkt hinter der Piazza Santa Maria in Trastevere. Das im Jahr 2000 eröffnete Haus, das aus einem Nonnenkloster aus dem 17. Jahrhundert entstanden ist, verbirgt sich mitsamt eines lauschigen Gartens hinter hohen Mauern. 20 ebenerdig gelegene Zimmer gehen auf zwei Innenhöfe hinaus und bieten müden Romtouristen Entspannung und Komfort. Die Einrichtung ist sonnig und frisch, die Bäder meist mit Wanne ausgestattet. Das Frühstücksbuffet ist reichhaltig und die hauseigene Weinbar bietet italienische Flaschenweine zu äußerst fairen Preisen an. Und im Klostergarten macht es besonders Spaß, die Eindrücke des Tages noch einmal bei einem guten Tropfen Revue passieren zu lassen.

WEITERE INFORMATIONEN

Villa Farnesina: Via della Lungara, 230, geöffnet Di–Fr 10–14 Uhr, Mo und Sa 9–17 Uhr, www.lincei.it
Hotel Santa Maria: Vicolo del Piede, 2, www.htlsantamaria.com

Der Saal der Hochzeit Alexanders des Großen mit Roxane in der Villa Farnesina wurde nach dem gleichnamigen Fresko benannt.

Eine Pause tut gut auf der Piazza Santa Maria in Trastevere (oben). Die berühmteste Sehenswürdigkeit in Santa Maria in Trastevere: das goldene Apsismosaik aus dem 12. Jahrhundert (unten).

40 Piazza Santa Maria in Trastevere

Herzstück des Trastevere

Das ganze Jahr über ist das Viertel jenseits des Tibers ein lohnendes Ausflugsziel – seiner labyrinthartig-malerischen Gassen und Plätze wegen, doch auch wegen des pulsierenden Lebens in den Cafés und Restaurants, die das Herzstück, die Piazza di Santa Maria di Trastevere, umgeben.

Pulsierendes Zentrum des Viertels ist die Piazza vor der Kirche Santa Maria di Trastevere mit ihrem eleganten Renaissance-Portikus und dem romanischen Glockenturm, der der Piazza sein unverwechselbares Gepräge gibt. In der Mitte des Platzes erhebt sich der Brunnen von 1692, der beliebter Treffpunkt ist. Vor allem junge Leute sitzen gern zu Dutzenden auf den marmornen Stufen seines oktogonalen Sockels. Wie die Kirchenvorhalle stammt auch er von Carlo Fontana – treffender könnte ein Brunnenbauer nicht heißen. Überall stehen Café- und Pizzerientische wackelig auf holprigem Kopfsteinpflaster. Doch das stört nicht. Wichtig ist nur, dabei zu sein, gesehen zu werden und zu sehen, wer wieder unterwegs ist. Ein kleiner Schwatz ist immer drin. Straßenstände bieten wassergekühlte Melonenscheiben oder Kokosnussschnitze an. Oder *grattacheca*, eine Spezialität aus gestoßenem Eis, über das einer der vielen Sirups gegossen wird, die zur Auswahl stehen. Hauptsache süß, Hauptsache bunt! Wer den altertümlichen Charme des Viertels bevorzugt oder es so authentisch wie möglich erleben will, sollte besser am frühen Morgen herkommen, wenn die meisten Touristen noch schlafen.

Die Festa de' Noantri

Noch unterhaltsamer wird es hier in den letzten zwei Juliwochen, wenn die Festa de' Noantri (mundartlich für *di noi altri*, »von uns anderen«, was die Bewohner Trasteveres im Gegensatz zu jenen anderer Viertel meint) steigt. Trödel- und Imbissbuden und Feuerwerk sorgen dann für die gute Laune der Scharen, die in das Viertel strömen.Das Fest mit religiösem Ursprung beginnt alljährlich am Samstag nach dem 16. Juli, wenn die Statue der Madonna del Carmine durch Trastevere in die Kirche San Crisogno getragen wird. Die anschließenden Feierlichkeiten, ein Karneval ganz eigener Prägung, ziehen sich bis in den August hinein.

INFO: Basilica di Santa Maria in Trastevere. Via della Paglia, 14, geöffnet tägl. 7.30–21 Uhr.
Festa de' Noantri. www.festadenoantri.it

41 Santa Cecilia in Trastevere

Ein Gotteshaus für die Schutzheilige der Musik

Selbst die katholische Kirche hegt heute Zweifel, ob die heilige Cäcilia, deren Wohnhaus auf der Westseite des Tiberufers Papst Urban I. der Überlieferung nach bereits unmittelbar nach ihrem Märtyrertod im Jahr 230 in eine Kirche umwidmen ließ, jemals wirklich gelebt hat.

Immerhin wurden bei Ausgrabungen in der Krypta die Fundamente zweier römischer Villen aus der Kaiserzeit und Überreste einer noch älteren Gerberei freigelegt. Die Nonnen im angeschlossenen Konvent glauben, darin die Grundrisse jenes Dampfbads zu erkennen, in dem Cäcilias Peiniger versucht haben sollen, die Heilige zu ermorden. Als man im 9. Jahrhundert in den Calixtus-Katakomben an der Via Appia Antica schließlich die angeblichen, lange verschollenen Gebeine Cäcilias wiederentdeckte, gab der damalige Papst Pachalis I. den Auftrag, ihre sterblichen Überreste in die ihr geweihte Kirche zu überführen und das Gotteshaus zu erneuern. Aus dieser Zeit stammen auch die sehenswerten Mosaiken mit einer Darstellung der Wiederkehr Christi in der Apsis. Die heutige Fassade wurde im 18. Jahrhundert errichtet und trägt deutlich barocke Züge.

Aufbruch in die Renaissance

Bewundernswert sind aber vor allem die Fresken mit einer Darstellung des Jüngsten Gerichts in der zum Kloster gehörenden oberen Galerie von der Hand Pietro Cavallinis, die auf das 13. Jahrhundert zurückgehen. Sie gelten als Wendepunkt der Kunstgeschichte, markieren sie doch den Bruch mit dem bis zu diesem Zeitpunkt dominierenden byzantinischen Stil der Kirchenmalerei und gelten als wichtige Inspirationsquelle für die am Horizont aufkeimende Renaissance. Leider kann dieser Teil der Kirche nur sporadisch betreten werden. Deshalb sich am besten vor Ort erkundigen.

Nicht minder beeindruckend: die um das Jahr 1600 entstandene Marmorstatue der sterbenden Cäcilie von Stefano Maderno. Der Künstler schwor, er habe den unversehrten Leichnam Cäcilias bei der Öffnung ihres Grabs im Jahr 1599 genau so vorgefunden, wie in der Skulptur dargestellt. Inklusive der blutenden Wunden durch die Axthiebe, mit der die Häscher die Heilige endgültig niederstreckten. Die Darstellung besticht durch ihren naturalistischen Stil jenseits aller Überhöhung und zeigt am Ende nur einen gemarterten Menschen in all seiner Verletzlichkeit. Alleine die Finger formen ein Segenszeichen.

INFO: Santa Cecilia in Trastevere. Piazzale di Santa Cecilia, 22, Tel. 06-45 49 27 39, geöffnet Mo–So 10–12 und 14–17.30 Uhr

Ein Besuch von Santa Cecilia in Trastevere ist für Kunstfreunde unerlässlich (oben). Blick in den Altarraum der Kirche, die sich innerhalb eines Klosterkomplexes befindet und bereits im 5. Jahrhundert errichtet wurde (unten).

Die Fontana del Gianicolo wird gern als Kulisse für Hochzeitsbilder genutzt (oben) … und nur ein Stückchen weiter findet dann in der San Pietro in Montorio die kirchliche Trauung statt (unten). Wenn man vom Gianicolo auf Rom blickt, zeichnen sich dahinter die Abruzzen im Dunst ab (rechts unten). Beliebte Tour: mit der Vespa auf den Gianicolo (rechts oben).

42 Gianicolo

Spaziergang mit Aussicht

Der Gianicolo, nach dem altrömischen Gott Janus benannt, zählt nicht zu den klassischen sieben Hügeln Roms, auch wenn sich seine Kuppe 80 Meter über dem Häusermeer erhebt. Die 20 Minuten Fußweg vom Trastevere aus lohnen, weil sich von der Aussichtsterrasse oben ein unvergleichlicher Blick auf die Stadt und die Silhouette der Albaner Berge im Hintergrund öffnet.

Den vor allem bei Hitze mühsamen Aufstieg zur Hügelkuppe sollte man nicht scheuen – nicht nur des wundervollen Panoramas wegen, sondern weil sich unterwegs mehrere Sehenswürdigkeiten aneinanderreihen. Idealer Startpunkt für den Spaziergang ist die Salita S. Onofrio von der Piazza delle Rovere aus, die zur gleichnamigen Frührenaissancekirche mit schönem Kreuzgang führt und dort in die Passegiata del Gianicolo mündet. Vor allem bekannt ist das Gotteshaus aber für das Grabdenkmal von Torquato Tasso aus der Hand des Bildhauers Giuseppe de Fabri, das Papst Pius IX. sehr viel später errichten ließ. Im anliegenden Kloster wohnte Tasso in Erwartung des Tages seiner Krönung als Dichter, doch starb er am 25. April 1595, einen Tag vor dem großen Ereignis. Im Museo Tassiano des Klosters kann man – nach Vereinbarung – Handschriften und Bücher des Meisters besichtigen. Weiter oben auf der Passegiata del Gianicolo trifft man inmitten einer Zypressengruppe auf eine uralte Eiche, die schon vor rund 150 Jahren vom Blitz getroffen wurde und seither gestützt werden muss. In ihrem Schatten soll der Dichter fast täglich gesessen haben, zum Lesen und Nachdenken. Zahlreiche Schriftsteller der Nachwelt, so auch Chateaubriand und Stendhal, taten es ihm gleich und eilten bei ihrem Rombesuch zur Tasso-Eiche, um sich von diesem Ort inspirieren zu lassen. Vorbei an dem strahlend weißen Manfredi-Leuchtturm aus dem Jahr 1911 gelangt man zum Denkmal für Anita Garibaldi. Die kämpferisch veranlagte brasilianische Ehefrau von Italiens großem Nationalhelden liegt unter dem Reiterstandbild begraben. Ihm gegenüber liegt die Villa Lante, eine herrliche Sommerresidenz der Renaissancezeit in nicht minder herrlicher Panoramalage.

Kampf für Italiens Einigung

Das letzte Stück der platanengesäumten Passegiata führt zur Piazzale Giuseppe Garibaldi. Die große Terrasse und das Garibaldi-Denkmal mit seiner Inschrift

»Roma o Morte«, »Rom oder Tod«, flankiert von etlichen Bronzen weiterer Freiheitskämpfer, erinnert an die heftigen Gefechte, die hier auf der Hügelkuppe im Zuge der nur fünf Monate währenden Römischen Republik 1849 stattfanden. Erschrecken Sie bitte nicht, wenn Sie hinausblicken! Mittags um Punkt zwölf Uhr feuern einer päpstlichen Tradition zufolge drei Soldaten unterhalb der Terrasse einen Kanonenschuss ab, der den Römern die Mittagszeit anzeigt.
Mit einer schönen Allee nimmt der Gianicolo-Spazierweg schließlich sein Ende. Nach dem Verlassen des Parks erhebt sich zur Rechten die Fontana Paola. Dieser mächtige Brunnen erinnert an die Wiedereröffnung des Aquädukts Aqua Traiana, welcher das Wasser vom Lago di Bracciano in die Stadt leitet. Eifersüchtig auf seinen Vorgänger Papst Sixtus V., den Stifter des Mosesbrunnens auf dem Quirinal, gab Paul V. dieses Monumentalwerk in Auftrag.

Bramantes Tempelchen
Ein architektonischer Geheimtipp verbirgt sich in der Nähe der Fontana Paola: die Kirche San Pietro in Montorio, die mit der tragischen Geschichte der berühmten Beatrice Cenci verbunden ist. Die junge Frau, die einer Intrige zufolge in der Engelsburg hingerichtet wurde und in der Folge viele Dichter inspirierte, fand hier ihre letzte Ruhe. Gestiftet wurde die Kirche vom spanischen Herrscherpaar Ferdinand von Kastilien und Isabella von Aragon – wegen ihrer strengen Gläubigkeit *reyes católicos* genannt. Der irrigen Legende nach, glaubten sie, dass Petrus hier gekreuzigt wurde. Doch der Hauptgrund für einen Besuch heute ist ein architektonisches Kleinod, das sich im – fast zu engen – Innenhof wiederfindet: der Tempietto. Das »Tempelchen« mit seinem kreisrunden Grundriss, das Baumeister Bramante 1502 vollendete, gilt als erster echter Renaissancebau Roms.

ROLLENDES ROMVERGNÜGEN

Was gibt es Authentischeres, als auf der Vespa durch Rom zu brausen, genau wie Audrey Hepburn und Gregory Peck in dem Filmklassiker »Ein Herz und eine Krone«? Wer sich den römischen Straßenverkehr zutraut, dem sei die Anmietung einer Automatik-Vespa empfohlen, denn es gibt kaum ein flexibleres Fortbewegungsmittel, um die Stadt zu erkunden. Wer sich lieber als Begleitperson auf einer Vintage-Vespa auf den Gianicolo chauffieren lässt, sollte eine Tour bei »Bici e Baci« buchen. Die Fahrten dauern je vier Stunden, selbstverständlich mit genügend Pausen für einen Espresso. Sportliche können bei dem Vespa-Anbieter auch Fahrräder mieten, und für Ausflüge in die Umgebung stehen Oldtimer-Fiat 500s in allen Bonbonfarben bereit.

WEITERE INFORMATIONEN

Museo Tassiano/Chiesa e Convento Sant'Onofrio: Piazza di Sant'Onofrio 2, Besichtigung nur nach Vereinbarung, www.romeinformation.info
San Pietro in Montorio und **Tempietto:** Piazza San Pietro in Montorio 2, geöffnet tägl. 8.30–12 Uhr, Mo–Fr zusätzlich 15–16 Uhr, www.sanpietroinmontorio.it
Bici e Baci. Via del Viminale 5, Tel. 06-482 84 43 oder 06-94 53 92 40, geöffnet tägl. 8–19 Uhr, www.bicibaci.com

119 Meter ragt die Kuppel des Petersdoms empor (oben). Die historische Treppe Papst Alexanders VI. führt in die oberen Gemächer der Engelsburg (Mitte). Der »musizierende Engel« von Melozzo da Forli hängt in der Pinakothek des Vatikans (unten). Ein wundervoller Blick auf die Peterskirche, Zentrum der Christenheit, bietet sich von der Engelsburg (rechts).

Vatikan

Dieser Blick auf die Peterskirche bot sich schon den Päpsten, die in der Engelsburg Zuflucht genommen hatten (oben). Michelangelos »Pietà« zählt zu den berühmtesten Skulpturen der Kirche (unten). Barockmeister Bernini schuf den Baldachin zum Hauptaltar, dazu schmolz er Bronze ein, die vom Pantheon stammte (rechts).

43 Sankt Peter und Petersplatz

Mittelpunkt der Christenheit

Einst erfreute sich Nero hier an Sport und Spiel: er ergötzte sich daran, wie Christen auf sein Geheiß hin gekreuzigt wurden – darunter auch Petrus, als er sein Martyrium erlitt. Ungeachtet der Ungewissheit, ob sich hier auch tatsächlich das Grab des Apostels befindet, erfuhr der Ort, an dem die bedeutendste Kirche der Welt errichtet wurde, schon sehr früh besondere Verehrung.

Kaiser Konstantin, der dem Christentum die Vorherrschaft über den heidnischen Glauben zubilligte, selbst aber erst auf dem Totenbett das heilige Taufsakrament empfing, veranlasste den ersten Kirchenbau zu Ehren des Märtyrers Petrus. Die Basilika über seinem – vermeintlichen – Grab wurde 326 von Papst Sylvester eingeweiht und immer mehr erweitert und ausgeschmückt, doch dann, während des 70 Jahre währenden Exils der Päpste in Avignon derart vernachlässigt, dass eine Instandsetzung unmöglich war. Mitte des 15. Jahrhunderts beschloss daher Papst Nikolaus V. einen Neubau und übertrug die Planung Bernardo Rossellino. Durch den jähen Tod des Papsts aber wurden die Arbeiten unterbrochen, und erst Papst Julius II. begann mit der Errichtung der neuen Basilika. Er beauftragte den berühmten Baumeister Donato Bramante mit der Planung und den ersten Schritten eines der größten Bauunternehmen aller Zeiten, das sich über 176 Jahre erstreckte. In diesem langen Zeitraum lösten verschiedene Bauvorschläge einander ab, darunter auch ein Plan Raffaels, bis schließlich der fast 70-jährige Michelangelo den Zuschlag bekam, der die griechische Kreuzform Bramantes mit einer Kuppel wieder aufnahm. Nach Michelangelos Tod gingen die Arbeiten nach seinen Entwürfen weiter, aber unter Papst Paul V. legte man sich endgültig auf den Plan von dessen Kollegen Carlo Madernos eines lateinischen Kreuzes mit verlängertem Längsbalken fest. So viele Hände und Köpfe haben beim Bau von Sankt Peter mitgewirkt, dass es schwierig ist zu entscheiden, wer eigentlich als wahrer Schöpfer des Gotteshauses gelten soll, das bis zum Bau der Kirche Nôtre-Dame de la Paix in Yamassukro in Côte d'Ivoire, der Welt größtes Gotteshaus war.

Schönste Kulisse der Welt

Sehr viel einfacher fällt das bei der Piazza di San Pietro, wo kein Zweifel der Urheberschaft besteht. Es ist das Werk Gian Lorenzo Berninis, der im Auftrag von Papst Alexander VII. zwischen 1656 und

A FIDES
MVNDO

Der Petersplatz am Pfingstsonntag (oben). Zahllose gläubige Katholiken drängeln sich bei der Generalaudienz seiner Heiligkeit (unten). Auch die Kuppeln in den Seitenschiffen sind prächtig, hier in der Capella della Presentazione della Vergine (rechts oben). Der Blick von der Kuppel der Peterskirche auf Berninis Kolonnaden ist atemberaubend (rechts unten).

1667 einen Platz anlegte, der seinesgleichen sucht. Der vielleicht berühmteste Platz der Welt, geschaffen als eine Kulisse für die Zusammenkünfte von Christen aus aller Welt, hat seinen Zauber bis heute bewahrt.

Das gesamte Szenario wird beherrscht von der großartigen Kuppel, die Michelangelos Genius ersann. Strahlend erhebt sie sich vor dem Hintergrund des Himmels, in dessen graublaue Färbung das Gewölbe übergeht. Die Kolonnaden, die die Piazza rahmen, sind Berninis schönstes Werk. Die halbkreisförmig wie zwei Arme der Kirche geöffneten Flügel gebieten feierlichen Einlass zur Peterskirche und päpstlichen Residenz. Mit den Säulengängen hat Bernini die ganze Kraft seines Genies offenbart, das zeigen auch seine Statuen, die die Kolonnaden krönen. Der 25 Meter hohe Obelisk, den bereits Kaiser Caligula aus Heliopolis herbeischaffen ließ, erinnert an die Martyrien der frühen Christen. Er stand im Zirkus des Nero, und seine erneute Aufstellung auf Veranlassung von Papst Sixtus V. 1586 rief großes Erstaunen hervor. 900 Männer und 140 Pferde seien nötig gewesen, um den gewaltigen Steinblock aufzurichten, und beinahe wäre das Vorhaben gescheitert, weil die Seile zu zerreißen drohten.

Von den Brunnen zu beiden Seiten stammt der rechte von Maderno, der linke vermutlich von Bernini selbst. Sie geben dem gewaltigen Platz Lebendigkeit. Für die dicht gedrängte Menge der Gläubigen mag es nichts Feierlicheres geben als die Segenserteilung an einem strahlenden Ostersonntag, wenn der Papst von der Loggia della Benedizione den »Urbi et Orbi«-Segen spendet und damit Rom und den gesamten Weltenkreis weiht.

Die Heilige Pforte

Die frisch restaurierte zweistöckige Travertin-Fassade stammt wie auch der Kirchengrundriss von Carlo Maderno, der die Basilikafront weiß und ocker gestaltete, mit roten und grünen Akzenten auf der Loggia della Benedizione, auf der mit mächtigen Buchstaben Name und Titel von Borghese-Papst Paul V. prangen. Im Portikus über dem Haupteingang entdeckt man das berühmte Navicella-Mosaik, das Jesus auf dem Meer wandelnd zeigt und von Giotto, dem Renaissancevorboten, anlässlich des ersten Heiligen Jahres 1300 für die erste Peterskirche entworfen wurde. Die mittleren Bronzetore aus dem 15. Jahrhundert, vom Florentiner Bildhauer Filarete gegossen, befanden sich ebenfalls im Vorgängerbau. Ganz rechts befindet sich die Porta Santa, die zugemauerte Heilige Pforte, die nur im Heiligen Jahr für zwölf Monate geöffnet wird. Alle 25 Jahre am Weihnachtsabend begibt sich der Papst nach altem Ritus von einer Prozession begleitet zu dieser Tür, kniet dreimal nieder. Dann fällt die Mauer nach einem Hammerschlag aus dem Türrahmen, und der Papst tritt durch sie ein.

Berninis Altar unter Michelangelos Kuppel

Der erste Eindruck vermittelt nicht gleich die riesige Ausdehnung der dreischiffigen 186 Meter langen Basilika mit 123 Meter langem Querhaus und – inklusive Laterne – 137 Meter hoher Kuppel. Erst nach mehrmaligem Betreten erfasst man die ungeheuren Ausmaße. Blickfang im

prunkvollen Schauspiel aus edlen Mosaiken, erlesenem Marmor und kostbaren Säulen ist der Papstaltar, der sich im Mittelpunkt über dem Grab von Petrus erhebt. 95 Lampen brennen davor, Tag und Nacht. Den überbordend geschmückten Baldachin mit seinen goldverbrämten gewundenen 20-Meter-Säulen goss Bernini aus der eingeschmolzenen Bronze, die dem Dach des Pantheons geraubt wurde. Grandioser sind aber die sich dem Himmel entgegenreckende Kuppel Michelangelos und die vier Kolossalpfeiler, die das Gewölbe stützen. Sie dienen als Kapellen für die berühmten Reliquien: den Kopf des Heiligen Andreas, das Schweißtuch der Veronika, ein Stück des echten Kreuzes von Kaiser Konstantins Mutter Helena und die Lanze, mit der Longinus die Seite Jesu durchstach. Dazu passen in den Nischen die Heiligenstatuen von Andreas, Veronika, Helena und Longinus.

Die Kapellen

Größte Kunstschätze bergen auch die vielen Seitenkapellen. Wohl berühmtestes und sicher eines der schönsten und anrührendsten Werke Michelangelos ist die Pietà, die er im Alter von 24 Jahren ausführte. Hohe Verehrung erfährt das Bronzesitzbild des Petrus von Arnolfo di Cambio aus dem Heiligen Jahr 1300: Der Fuß des Heiligen wurde von Pilgern schon millionenfach geküsst. Eine der wenigen Frauen, die in Sankt Peter beigesetzt wurden, ist Matilde von Tuscien, der jenes Schloss gehörte, zu dem Heinrich IV. seinen »Gang nach Canossa« machte. Ihr Denkmal schuf Bernini 1635. Hervorzuheben ist auch das Denkmal von Clemens XIII. Es gilt als eine der besten Arbeiten des Neoklassizisten Antonio Canova, der – wie sein Schüler Bertel Thorvaldsen, von dem die Skulptur von Pius VII. stammt – zu den Neuerern der Bildhauerkunst zählt.

MICHELANGELOS IMPOSANTE KUPPEL

Wem sich die Ausmaße der Basilika noch immer nicht so recht erschlossen haben, der besteige Michelangelos zweischalige Kuppel. Mit gut 42 Metern ist sie das größte freitragende Ziegelbauwerk der Welt. Der Aufstieg auf das Dach über 510 Stufen ist beschwerlich, doch gibt es auch einen Lift, der ihn um 190 Stufen verkürzt. Die Mühen lohnen sich, denn oben öffnet sich ein unvergleichlicher Blick auf den riesigen Vatikankomplex und ganz Rom, wie auch ins Kircheninnere, wo einem die enormen Größenverhältnisse erst bewusst werden. Allein die Schreibfeder des heiligen Markus ist 1,5 Meter lang!

WEITERE INFORMATIONEN

Basilica di San Pietro: Piazza di San Pietro, Tel. 06-69 88 37 12, geöffnet tägl. April–Sept. 7–19 Uhr, Okt.–März 7–18 Uhr
Aufstieg zur Kuppel: Geöffnet tägl. April–Sept. 8–18 Uhr, Okt.–März 8–16.45 Uhr, Eintritt Treppenaufgang 6 €, Liftfahrt 7 €

Raffaels »Madonna di Foligno« zählt zu den ergreifendsten Werken des umbrischen Meisters (oben). Ebenso erhebend ist der Blick von den Vatikanischen Gärten zu den Vatikanischen Museen (rechts unten). Hochgenuss für den Gaumen bietet der Delikatessladen »Castroni« (rechts oben).

44 Vatikanische Pinakothek

Gemäldesammlung der Päpste

Von Papst Pius VI. gegründet, von Pius VII. und Pius X. erweitert und von Pius XI. 1932 in einem Neubau untergebracht, zählt die Gemäldegalerie zu den erlesensten Kunstsammlungen der Welt. In den 15 Sälen reihen sich – wie könnte es im Vatikan auch anders sein – illustre Namen der Kunstgeschichte auf: Giotto, Raffael, da Vinci, Tizian oder Caravaggio.

Besucher, die die Pinakothek direkt ansteuern wollen, müssen sich nach dem Eingang rechts halten. So gelangen sie am schnellsten in das Ausstellungsgebäude in den Vatikanischen Gärten, das der Mailänder Luca Beltrami im lombardischen Renaissancestil im Auftrag von Papst Pius XI. entwarf. Die neuen Räumlichkeiten erlaubten es dem Papst, den Bestand auf über 500 kostbare Gemälde zu verdoppeln. Die Sammlung gibt den Besuchern nicht nur einen hervorragenden Überblick über die italienische Malerei vom Mittelalter bis zum Barock, sondern birgt auch berühmte Gemälde von unschätzbarem Wert. Die Säle sind chronologisch geordnet, und so zeigen die ersten unter ihnen frühe Kunst: byzantinische und gotische Werke, Gemälde von Giotto oder Fra Angelico, die mit ihren Arbeiten die Frührenaissance einläuteten. Es folgen weitere berühmte Gemälde der Renaissance wie Giovanni Bellinis äußerst anrührende »Pietà«, Peruginos »Auferstehung«, auf dem das Konterfei des Künstlers zu finden ist, und Pinturicchios größtes Werk, die »Krönung Mariens«, voll Milde und Güte.

Raffaels Reich

Dann ist ein Saal dem bedeutendsten Vertreter des Renaissance-Malerei gewidmet, Raffael aus dem umbrischen Urbino. Keine zweite Galerie in der Welt kann sich einer solchen Sammlung rühmen. Auf einen Blick erkennt man die unglaubliche Entwicklung, die der Künstler in seinem kurzen Dasein durchlief. Nachdem er beim berühmten Perugino in Perugia gelernt hatte, begann er um das Jahr 1502 mit ersten eigenen Arbeiten. Das große Bild der »Krönung Mariens« malte er im zarten Alter von 19 Jahren, doch gilt es wegen der Schönheit der Figuren und der Stärke des Ausdrucks bereits als eines seiner vollendetsten Werke. 1504 bereiste Raffael Florenz und war begieriger Schüler verschiedener Künstler, darunter Massaccio, Michelangelo, Leonardo da Vinci und Fra Bartolomeo, mit dem ihn eine lebenslange Freundschaft verband. Überraschend

schnell machte er sich frei von der Manieriertheit seiner umbrischen Meister. Das tritt klar zutage in den »Theologischen Tugenden«, die er 1507 als Unterbild zu einer Grablege schuf. Mit seiner »Madonna di Foligno« läutete er in Rom 1508 seine dritte Schaffensperiode ein. Das Marienbild zählt zu den ergreifendsten Bildern des Meisters aus Urbino. Als Raffaels letztes Werk gilt die »Verklärung Christi«. Als der Maler 1520 starb, fand man in seinem Atelier das Gemälde noch nicht ganz vollendet. Die Arbeit mit herrlich leuchtenden Farben wurde beim Begräbnis des großen Meister hinter dem Sarg hergetragen. Giulio Romano ergänzte teilweise die untere Gruppe, dessen kühle Farbgebung leicht zu erkennen ist. Man erkennt einen Knaben, der von den Eltern zu den Aposteln gebracht wird, um den Teufel in ihm bannen zu lassen. Alle zeigen nach oben zur einzigen Quelle der Heilung, Jesus Christus.

Da Vinci & Co.

Nicht minder eindrucksvoll geht es in den Galeriesälen weiter. Hier hängen sie einträchtig nebeneinander: Leonardo da Vincis unvollendeter »Heiliger Hieronymus«, eine einfarbige Studie auf Holz von außergewöhnlicher Eindringlichkeit, Tizians wundervolles Altarbild »Madonna des heiligen Niccolò dei Frari«, die »Heilige Helena« von Paolo Veronese, Guido Renis »Kreuzigung des Apostel Petrus« und schließlich eine »Kreuzabnahme« von Caravaggio, des Meisters des Chiaroscuro, der Hell-Dunkel-Malerei. Besondere Erwähnung verdient ein Gemälde, das der Bologneser Meister Domenichino 1614 schuf: die »Kommunion des heiligen Hieronymus«, auf dem der Kirchenvater das letzte Sakrament erhält. Der Ausdruck heftiger Gemütsbewegung, die Pracht der Gewänder und die vollendete Komposition haben fast magische Anziehungskraft.

IRDISCHE GELÜSTE

Wem von der Besichtigung der vielen Gemälde der Magen knurrt, der kann dem in nächster Nähe Abhilfe schaffen. In der Via Cola di Rienzo, nur ein paar Fußminuten vom Vatikan entfernt, reiht sich ein ausgezeichneter Delikatessenladen an den anderen, wahre Paradiese für Feinschmecker mit Schinken und luftgetrockneten Würsten, unzähligen köstlichen Käsesorten oder auch einer großen Auswahl an eingelegten Gemüsen. Das »Castroni« oder das »Franchi« sind nur zwei Beispiele dieser Oasen, die schon beim Betreten einen Hochgenuss für Auge und Nase bieten.

WEITERE INFORMATIONEN

Vatikanische Pinakothek: Viale Vaticano, Tel. 06-69 88 46 76 und 06-69 88 31 45, geöffnet Mo–Sa 9–18 Uhr (letzter Einlass 16 Uhr), Eintritt 15 €, letzter So im Monat 9–14 Uhr, Eintritt frei, www.mv.vatican.va

Castroni: Via Cola di Rienzo 196, geöffnet Mo–Sa 8–20 Uhr

Franchi. Via Cola di Rienzo 200, Tel. 06-687 46 51, Öffnungszeiten Mo–Sa 8–20 Uhr

Der Name der Athletenstatue Apoxyomenos, Hauptwerk des Lysippos, ist fast schon ein Zungenbrecher (oben). Über Bramantes geniale Treppe verlässt man heute die Schatzkammern der Päpste (unten). In der Galleria dei Candelabri faszinieren nicht nur griechische und römische Skulpturen, schon die Räume allein sind den Besuch wert (rechts).

45 Vatikanische Museen

Berühmteste Kunstsammlung der Welt

Ob griechische Skulpturen oder römische Büsten, ob etruskische Bronzen oder ägyptische Sarkophage, ob Reliefs des Altertums oder Gemälde der Neuzeit: Raffaels herrlich ausgemalte Stanzen und Michelangelos unvergleichliche Sixtinische Kapelle sind die Glanzstücke der berühmtesten Kunstsammlung der Welt und einer der Höhepunkte einer Reise in die Ewige Stadt.

Schwerpunkte sollte der Besucher sich unbedingt setzen, bevor er sich in das prachtvolle Labyrinth der Vatikanischen Museen begibt. Sonst besteht die große Gefahr, sich in den vielen langen Raumfluchten, die die kostbaren Kunstschätze bergen, im Detail zu verlieren, und am Ende womöglich nicht mehr ausreichend Zeit zu haben für die eingehende Besichtigung der Highlights des Vatikanpalasts: Michelangelos Sixtinische Kapelle und Raffaels Stanzen, mit denen sich beide Künstler ein ewiges Denkmal setzten und der Kunstwelt Werke von unermesslichem Wert schenkten. Wegen des riesigen Zustroms an Besuchern werden diese auf verschiedenen Routen im Einbahnverkehr durch die Räumlichkeit geschleust, je nachdem, wie viel Zeit man mitbringt, und nach persönlicher Interessenslage. Ein ausgeklügeltes Farbleitsystem dient dabei der Orientierung. Eine Gemeinsamkeit haben die Routen, die 90 Minuten oder bis zu fünf Stunden dauern: Sie alle enden bei der Sixtinischen Kapelle und den Stanzen des Raffael. Die vatikanischen Gebäude sind eine Welt für sich, ein fantastischer und großartiger Baukomplex von mehr als 11 000 Zimmern, Sälen, Sammlungen, Galerien, Bibliotheken, Kapellen, Fluren, Höfen und Gärten. So muss man auf manche Exponate verzichten, um nur vor jenen Werken zu verweilen, die unverzichtbarer Bestandteil der Kunstgeschichte sind.

Antike Highlights

Höhepunkte der Antike gibt es gleich im Pio-Clementino-Museum zu bestaunen, das von den kunstsinnigen Päpsten Clemens XIV. und Pius VI. im 18. Jahrhundert gegründet wurde. In der »Sala del Croce Greco« stehen zwei reich verzierte Porphyrsarkophage, die die Leichname von Kaiser Konstantins Mutter Helena und seiner Tochter Constantina bargen. Die Kolossalstatue des Antinous stammt aus dem Nahen Osten. Als Hadrian sich in Ägypten aufhielt, ertrank Antinous, der Geliebte des Kaisers, im Nil, worauf ihn der Trauernde zum Gott

Der Fußboden der Galleria dei Candelabri mit antiken Skulpturen besteht aus feinsten Marmorintarsien (oben). Decke und Wände der Sala di Constantino, Teil der Stanze di Raffaello, wurden vom Meister aus Umbrien ausgemalt (Mitte). Die antike Laokoon-Gruppe wurde in der Renaissancezeit nahe Neros Domus Aurea ausgegraben (unten).

erhob. Der achteckige »Saal der Musen« wird von zehn Säulen sowie Plastiken von mythologischen Göttern und Helden geschmückt. Die namensgebende Skulpturengruppe von Apollonius, ein Apoll umgeben von den neun Musen, fand sich in Tivoli. Den Torso soll Michelangelo wegen seiner hervorragend dargestellten Anatomie besonders bewundert haben. Der Saal der Tiere zeigt eine große Anzahl höchst realistischer Tierfiguren aus Marmor und Alabaster. Von großem Interesse ist die Statue des Meleagros mit Hund, ein kräftig und hochgewachsener Jüngling, der den Kopf eines Wildschweins hält. Der nächste Saal, die Galerie der Statuen und Büsten, hält viele interessante Exponate bereit, allen voran die »Schlafende Ariadne« aus hellenistischer Zeit und die zwei Candelabri Barberini, die schönsten Leuchter der Antike, die in der Villa Adriana gefunden wurden. Im Gabinetto delle Maschere, dessen Boden mit Theatermaskenmosaiken bedeckt ist, befinden sich zwei weitere Schätze des Vatikans: die anmutige »Aphrodite beim Bad« und die weltbekannte »Venus von Knido«, eine der schönsten aller griechischen Statuen aus einer vergangenen Welt. Das Original, das Praxiteles im 4. Jahrhundert v. Chr. für das Volk von Knidos gemeißelt hatte, ging verloren.

Der vergöttlichte Nil

Von vergleichbarer Bedeutung ist die Antikensammlung, die Papst Pius VII. aus der Familie der Chiaramonti schuf. In 60 Abschnitte unterteilt, beherbergt es eine nicht enden wollende Folge von Statuen, Büsten, Sarkophagen und Reliefs, insgesamt sagenhafte 800 griechische und römische Werke. Besonders beachtenswert ist der »Augustus von Primaporta«, die den Kaiser als Redner vor seiner Truppe zeigt. Sein Brustpanzer ist mit kunstvollen Figuren bedeckt. Eine der fantastischsten Plastiken ist die monumentale allegorische Statuengruppe, die dem vergöttlichten Nil gewidmet ist und aus einem Isistempel stammt, sowie der »Speerträger« von Poliklet – wegen seiner idealen Proportionen Musterfigur der antiken Bildhauerkunst.

Die Kabinette des Belvedere

Die Prunkstücke der Antike aber beherbergen die vier Kabinette des oktogonalen Belvedere-Hofes – von Papst Julius II. geschaffener Grundstock der Vatikanischen Museen. Unter den Trümmern von Neros Domus Aurea wurde 1506 das wundervolle Werk der Laokoon-Gruppe, der Stolz der vatikanischen Sammlung, im Beisein Michelangelos ausgegraben. Sie zeigt den trojanischen Priester mit seinen Söhnen im Kampf auf Leben und Tod mit zwei Riesenschlangen, die dem Mythos nach von Minerva gesandt waren. Laokoon sollte dafür bestraft werden, dass er die Trojaner vor dem hölzernen Pferd der griechischen Feinde gewarnt hatte. Warum die herrliche Skulptur in einem unterirdischen Gemach verborgen war, ist ungeklärt, doch wurde ihre Entdeckung als Wunder gefeiert. Ein weiteres Wunderwerk ist die Apollostatue, die zur Zeit Julius II. in Grottaferrata zum Vorschein kam. Auch wenn die Meinungen der Experten über ihren Ursprung auseinandergehen, so ist der »Apoll von Belvedere« eines der größten Juwele des Vatikans. Das stolze, schöne Antlitz, der meisterhaft durchgebildete Körper, Abbild ewiger Jugend, rechtfertigt die Bewunderung durch den Betrachter. Aus ganz anderer Epoche stammen der »Perseus mit Medusenhaupt« und die Faustkämpfer Creugante und Damoxenos, Werke des neoklassischen Meisters Antonio Canova, der mit seinen Plastiken die Welt der Antike wiederaufleben ließ. Die Hermesstatue wurde lange irrtümlich für den »Antinous von Belvedere« gehalten. Heute weiß man, dass die herrliche Statue, die auf ein Original von Praxiteles zurückgeht und die Papst Paul III. aufstellen ließ, dem Boten der Götter geweiht war. Ein großartiger Blickfang ist auch der »Apoxyomenos«, eine römische Kopie des Hauptwerks von Lysippos, einem griechischen Meister des 4. Jahrhunderts v. Chr., die die klassische Idealgestalt eines jungen Mannes verkörpert.

Raffaels Stanzen

Sofort nach seiner Ankunft in Rom wurde Raffael vom Architekten Bramante Papst Julius II. vorgestellt. Einige Räume über den Borgia-Gemächern waren schon von Sodoma, Perugino und anderen Meistern ausgemalt worden. Doch der herrschaftsbewusste Papst wollte sich selbst verewigen. So entschloss er sich, die Fresken der sogenannten Stanzen zu entfernen und die Wände vom jungen Raffael, dem vielversprechenden Meister aus Urbino, neu ausstatten zu lassen. Die erste Stanze ist die letzte, deren Vollendung der Künstler noch miterlebt hat. Es ist nach dem Hauptgemälde benannt, das den Brand des Borgo, der römischen Altstadt, darstellt, der angeblich durch Papst Leo IV. auf wundersame Weise zum Erlöschen gebracht wurde. Ein weiteres, besonders kraftvolles Motiv zeigt Äneas, der dem Brand Trojas entflieht, seinen Sohn Ascanius an der Hand führend. Ein drittes Fresko wurde von Raffael nur noch entworfen, ausgeführt haben es seine Schüler. Es zeigt in Ostia einfallende Sarazenen, wie sie 846 die Basiliken von St. Peter und St. Paul ihres Kir-

Kostbare Gobelins zieren die Galleria dei Candelabri e degli Arazzi (oben). Wer früh am Tage kommt, hat noch die Chance, sich die Stanza della Segnatura, Teil der Stanze di Raffaello, in Ruhe anzuschauen (unten). Bramantes gigantische Wendeltreppe wurde 1512 in Auftrag gegeben (links).

Die Sala dell'Immacolata Concezione zählt zu den Stanze di Raffaello (oben). Der Braccio Nuovo zeigt antike Statuen (Mitte), Anubis findet man dagegen natürlich im Ägyptischen Museum (unten). Der Pinienzapfen ist Namenspatron des Cortile della Pigna (oben rechts). Imposant: die Sala Rotonda (rechte Seite unten). Alter Stich vom Petersdom (rechte Seite oben).

chenschatzes berauben. In der zweiten Stanze, der »Sala della Segnatura«, sieht man Raffaels erste große Arbeiten, Höhepunkte der Renaissancemalerei. Die vier Gewölbemedaillons versinnbildlichen Allegorien die Grundthemen des Raums. Die »Disputa del Sacramento« steht für die Theologie, die »Scuola d'Atene« repräsentiert die Philosophie, der »Parnass« mit dem musizierenden Apoll die Dichtkunst, und die Gerechtigkeit symbolisiert Szenen mit den drei Kardinaltugenden und der Einsetzung des Rechts. In der folgenden »Sala d'Eliodoro« ist die Ausdruckskraft Raffaels noch kräftiger, sind die Bewegungen der Figuren lebhafter geworden. Die Fresken zeigen unter anderem »Helidors Vertreibung aus dem Tempel«, die »Befreiung des Petrus aus dem Kerker«, Raffaels erstes Nachtbild, die »Messe von Bolsena«, das eine Legende mit einem zweifelnden Priester erzählt, und »Leo der Große Attila Einhalt gebietend«. Die Fresken der letzten Stanze, die nur auf Entwürfen Raffaels basieren, haben vor allem das Leben Konstantins des Großen zum Thema, darunter die »Kreuzesvision«, die »Schlacht an der Milvischen Brücke« und »Konstantins Taufe«.

Gemächer der Borgia

Der berüchtigte Borgia-Papst Alexander VI. ließ im Vatikanpalast für sich und seine Familie private Räumlichkeiten einrichten. Von den sechs ausgemalten Räumen ist der vierte wohl der schönste. Die Fresken stammen von Pinturicchio, einem wichtigen Vertreter der Frührenaissance aus Umbrien. In ausdrucksstarken und bewegenden Bildern stellte er Szenen aus den Legenden verschiedener Märtyrer dar: die Heiligen Katharina, Barbara, Susanna, Paulus und Sebastian. Auch die

Wandmalereien des fünften Raums, der »Sala dei Misteri della Fede« sind Pinturicchio zu verdanken. Sie zeigen die Geburt Christi, das Pfingstwunder, die Himmelfahrt Mariens und die Auferstehung mit einem Porträt des selbstherrlichen Papstes.

Die Sixtinische Kapelle

Die Kapelle, in der das Konklave zur Papstwahl stattfindet, wurde von Giovanni dei Dolci 1470 für Papst Sixtus IV. erbaut und von den bedeutendsten Künstlern ihrer Zeit ausgemalt – genannt seien nur Botticelli, Perugino oder Ghirlandaio. Vor allem besucht wird die Kapelle jedoch wegen der unvergleichlichen Meisterwerke, die Michelangelo hier der Welt hinterließ. Der kunstbeflissene Papst Julius II. gab dem noch jungen Michelangelo den Auftrag, die Decke der Cappella Sistina zu bemalen. Der Meister nahm an, und das Werk wurde im Mai 1508 begonnen und vier Jahre später vollendet. In einem Kraftakt unvorstellbaren Ausmaßes bedeckte er die gewaltige Fläche von 40 Metern Länge mit architektonisch gegliederten biblischen Szenen, angefangen mit Bildern von der Erschaffung der Welt und der Menschen, dem Sündenfall, Noah und der Sintflut. Die größten Figuren des gesamten Deckenfreskos sind die Propheten und Sibyllen.

23 Jahre später erst schuf Michelangelo sein Hauptwerk, das »Jüngste Gericht«, das ihn wahrlich unsterblich machte: Christus als Weltenrichter, umgeben von Maria, Aposteln und Heiligenfiguren, auf der linken Seite die Auserwählten, die zum Himmel streben, rechts die Verdammten, auf die die ewige Hölle wartet. Fast 400 Gestalten entwarf der Künstler für seine grandiose Komposition – eines der fantastischsten Meisterwerke abendländischer Kultur.

NIE WIEDER ANSTEHEN!

Nicht selten müssen Einzelreisende zwei bis drei Stunden Wartezeit in Kauf nehmen, bevor sie Einlass in die Vatikanischen Museen bekommen. Besonders viel Geduld muss der Besucher an Montagen mitbringen, denn wenn viele andere Sehenswürdigkeiten und Ausstellungen geschlossen sind, herrscht besonders großer Andrang, wie auch am letzten Sonntag jeden Monats. Dann nämlich ist der Eintritt frei. Doch wer möchte schon einen halben Tag kostbarer Zeit mit Schlangestehen vertun!? Ein Tipp für Ungeduldige: Wer das lästige Warten ganz vermeiden will, der kann gegen eine Zusatzgebühr Tickets für ein bestimmtes Zeitfenster buchen.

WEITERE INFORMATIONEN

Musei Vaticani: Viale Vaticano, Mo–Sa 9–16 Uhr (Schließung 18 Uhr), Eintritt 15 €, So geschl., außer letzter So im Monat 9–14 Uhr bei freiem Eintritt, Tel. 06 69 88 46 76 und 06 69 88 31 45, http://mv.vatican.va, Ticketvorausbuchung online möglich, Aufpreis auf jedes Ticket 4 €, http://biglietteriamusei.vatican.va

Der Erzengel Michael wacht über die Geschicke Roms seit der Pest im 18. Jh. (oben). Mehrere Innenhöfe durchschreitet man, um ins Innere der Engelsburg zu gelangen (unten). Steinerne Figuren blicken vom Ponte Vittorio Emanuele II auf die Engelsburg (rechts oben), die in der Abendsonne erglüht (rechts unten).

46 Engelsburg und Engelsbrücke

Herausragende Zeugnisse der Antike

Der bronzene Erzengel Michael auf der Dachrotunde ist weithin sichtbar. Er gab dem gewaltigen Grabmal, das Kaiser Hadrian für sich und seine Nachfolger errichten ließ, seinen Namen. Auch die Engelsbrücke, eine der ältesten Brücken Roms, gab der Kaiser in Auftrag. Sie gewährte einst den Zutritt zum Mausoleum und bietet auch heute noch den schönsten Blick darauf.

König Mausolos von Halikarnassos gewann Unsterblichkeit durch sein prächtiges Grabmal, das nach ihm Mausoleum genannt wurde – eines der sieben Weltwunder. Würdiger Nachfolger ist das Mausoleum Kaiser Hadrians von 139 n. Chr., das Castel Sant'Angelo, auch wenn das, was davon übrig ist, nicht mehr ganz die einstige Pracht vermitteln kann. Prokop, ein Historiker des 6. Jahrhunderts, beschreibt, wie der Bau seinerzeit aussah: »Er hatte eine viereckige Basis, über dem sich ein großer Turm erhob, der mit dorischen Säulen, Statuen und Nischen für Inschriften geschmückt war. Auf der Spitze stand eine kolossale Quadriga mit Kaiser Hadrian, und die starken Mauern waren mit Marmor verkleidet. Nach dem Kolosseum war es das prächtigste Beispiel römischer Baukunst.« Die Geschichte des Grabmals ist die Geschichte Roms. Es sah alle Kämpfe und Intrigen des Mittelalters, die Verschwendungssucht der Renaissance-Päpste oder die Schrecken des »Sacco di Roma«, als deutsche Landsknechte 1527 die Stadt plünderten. Noch zur Kaiserzeit wurde es zum Bollwerk ausgebaut und mit der Stadtmauer verbunden, ab 1277 besetzte es der Vatikan, vor allem als Fluchtburg, wie der »Passetto« verrät, der 700 Meter lange Geheimgang zum Vatikan. Der Name »Engelsburg« hat seinen Ursprung in einer Legende: Als 590 in der Stadt die Pest wütete, erschien der Erzengel Michael Papst Gregor I., der sich auf dem Mausoleum niederließ und sein Schwert in die Scheide steckte – das Zeichen, dass die Seuche vorüber war. Die Bronzestatue zu seinen Ehren schuf der flämische Künstler Pieter Verschaffelt im 18. Jahrhundert.

Im Inneren der Burg

Eine 125 Meter lange Spiralrampe führt zur Treppe von Papst Alexander VI., die nur allmählich ansteigt und quer durch den gesamten Bau verläuft, hin zu den ersten Papstgemächern. Besonders sehenswert sind das kunstvoll ausgemalte Bad Papst Clemens' VII. und die Sala Paolina aus dem 16. Jahrhundert. Die

Fresken erzählen Szenen aus dem Leben Alexanders des Großen und des Apostels Paulus. Entzückend ist das illusionistische Fresko eines Patriziers, der aus einer Tür herausspäht. Ein mit Grotesken ausgeschmückter Gang führt zur früheren Bibliothek und weiter zur Camera del Tesoro. Bis 1870 befand sich dort das Geheimarchiv des Kirchenstaats. Eine Wendeltreppe windet sich von hier aus hinauf zur Terrasse mit dem Erzengel, von der aus sich ein herrlicher Blick auf ganz Rom eröffnet. Dass das Castel Sant' Angelo lange Zeit auch berüchtigtes Gefängnis war, davon zeugen die düsteren Kellerverliese, in denen berühmte Gefangene schmachteten, darunter der umstrittene Alchemist Caliostro, der florentinische Goldschmied Benvenuto Cellini oder die Patriziertochter Beatrice Cenci, die zur Legende wurde, weil sie – als Mörderin ihres Vaters verurteilt – im Cortile dell'Angelo enthauptet wurde.

Die Engelsbrücke

Mit Sicherheit ist der Ponte Sant'Angelo die schönste aller antiken Brücken der Stadt. Kaiser Hadrian ließ sie im Jahr 136 als Zugang zu seinem Mausoleum über den Tiber schlagen – die mittleren drei Arkaden sind noch original erhalten. Den Eingang zur Brücke bewachen die Petrusstatue von Lorenzo Lotti und die Paulusstatue von Giulio Romano, die Mitte des 16. Jahrhunderts unter Papst Clemens VII. aufgestellt wurden. Den Auftrag für die zehn barocken Engelsstatuen mit Passionswerkzeugen hingegen erteilte Clemens IX. an den zu der Zeit bereits 70-jährigen Gian Lorenzo Bernini. Die zwei Figuren, die der Künstler selbst ausführte, befand der Papst als zu kostbar, um sie draußen stehen zu lassen; sie wurden daher durch Kopien ersetzt. Die Originale kann man sich in der Kirche Sant'Andrea delle Fratte anschauen.

PUCCINIS »TOSCA«

Giacomo Puccini verlegte den dritten Akt seiner wundervollen Oper »Tosca« über die tragische Liebe zwischen Tosca, einer berühmten Sängerin, und Mario Caravadossi, einem politisch verfolgten Maler, auf die Dachterrasse der Engelsburg. Die Terrasse mit dem herrlichen Panoramablick ist grausiger Schauplatz der Hinrichtung des Malers und von Toscas verzweifeltem Sprung in den Tod, nachdem sie die Erschießung ihres Geliebten nicht verhindern kann. Auf höchst eindringliche Art wurde die Oper an den drei Originalschauplätzen Sant'Andrea della Valle, Palazzo Farnese und Engelsburg verfilmt.

WEITERE INFORMATIONEN

Castel Sant'Angelo: Lungotevere Castello, 50, Tel. 06-689 60 03, geöffnet April–Sept. Di–So 9–19.30 Uhr, Eintritt 8,50 €, www.castelsantangelo.com

Zehn Engelsfiguren sowie die Statuen von Peter und Paul zieren die Engelsbrücke über den Tiber.

Malerisch reihen sich antike Überreste und Statuen um den Canopus (oben und Mitte), einen Nachbau eines ägyptischen Flusstals. Auch Reste der Thermen der Villa Adriana sind erhalten geblieben (unten). Die Ruinenstätte von Ostia Antica ist im Licht des späten Nachmittags besonders stimmungsvoll (rechts).

In der Umgebung

Die Überreste der antiken Pferderennbahn von Kaiser Maxentius (oben) zeugen von der einstigen Pracht der Via Appia Antica (unten). Das Castrum Caetani zählt zu den zahlreichen Ruinen, die die alte Römerstraße säumen (rechts oben), deren originaler Pflasterbelag vielerorts noch sichtbar ist (rechts unten).

47 Via Appia Antica

Königin der Straßen

Sie waren die Lebensadern des Imperiums: die Straßen aus holprigen Pflastersteinen, die sich bis heute Tausende von Kilometern durch Europa ziehen. Auf ihnen transportierten Händler ihre Waren, auf ihnen marschierten Legionäre in den Krieg. Unter den Römerstraßen gilt die Via Appia als »Regina Viarum«, als Königin der Straßen. Die vielen beeindruckenden Überreste zeugen von der glorreichen Vergangenheit.

Seit 1997 gehört die Via Appia Antica zu einem 3500 Hektar großen Landschaftspark, den man idealerweise zu Fuß oder per Fahrrad erkundet. Sie gehört zu den mystischen Plätzen des antiken Rom, wie die vielen Geschichten und Legenden, die sich um sie ranken, beweisen. Kurz hinter der Porta San Sebastiano beginnt die wichtigste der römischen Konsularstraßen, hier steht eine Kopie des ersten Meilensteins, auf dem, wie stets üblich, der Name des Bauherrn, die Strecke und die Entfernungen eingemeißelt standen. Die Meilensteine der 480 Kilometer langen Via Appia tragen den Namen des Zensors Claudius Appius Caecus. Er war es auch, der Rom mit der ersten Wasserleitung beglückte, die Aqua Appia. Ursprünglich führte die ab 312 v. Chr. angelegte Straße nur bis Capua, doch wurde sie später bis Brindisi an die Küste Apuliens verlängert. Von der hoch entwickelten römischen Straßenbautechnik kann man sich auch heute noch ein Bild machen. Es existiert ein kurzes Teilstück, wo die nahtlos und nach unten konisch zulaufenden Basaltplatten zu sehen sind, wie auch die exakt genormte Breite von 14 römischen Fuß. Diese etwa 4,15 Meter erlaubten das Vorbeifahren zweier Gespanne, wie die tief eingekerbten Fahrrillen beweisen.

Gräber für die Reichen

Ein Ausflug in die Peripherie lohnt schon allein wegen des malerischen Reizes der römischen Campagna mit ihren breitkronigen Pinien, schlanken Zypressen und auf den Feldern verstreut liegenden Ruinen. Berühmt aber ist die Via Appia vor allem als Nekropole. Da die Toten nicht innerhalb der Stadtmauern begraben werden durften, wählten die Römer die Konsularstraßen als Grabstätten. Als vornehmste galt die Via Appia, und so wundert es nicht, dass sie als Grablege reicher römischer Patrizierfamilien auserkoren wurde. Nur wer es sich leisten konnte, hier schon zu Lebzeiten Land zu erwerben, konnte sicher sein, dass er nicht in einem Massengrab endete, wie in den Katakomben San Callisto oder San

Sebastiano. Patriziergräber reihen sich bis zum sechsten Meilenstein auf und waren bis zu ihrer Ausplünderung mit Marmor und Travertin verkleidet und mit Statuen geschmückt. Von der einstigen Pracht zeugen heute meist nur noch Ruinen. Am besten erhalten und am punkvollsten ist das Mausoleo di Cecilia Metella aus dem 1. Jahrhundert, das weithin sichtbar auf einer Anhöhe steht und vor dem sich kein Geringerer als Goethe einst porträtieren ließ. Cecilia war Tochter von Quintus Metellus Cretius, dem Eroberer Kretas, und Gattin des Sohnes von Crassus, der einst mit Caesar und Pompejus ein Triumvirat bildete. 1302 überließ Papst Bonifaz VIII. das Grab seiner Familie, den Caetani, die das Bauwerk in ihre Festung miteinbezogen – daher der Zinnenkranz –, von der aus für die Straße hohe Wegezölle eingetrieben wurden. Auch das Grab der Annia Regilla ist ein sehr schönes Beispiel für ein Grab aus Ziegeln, die als Baumaterial mit eigenem dekorativem Wert typisch war. Größter Bau der Appia Antica ist die Casal Rotondo. Auf einer quadratischen Basis mit 35 Metern Seitenlänge erhebt sich der zylindrische Kern des Tumulus, des Grabhügels.

Domine quo vadis?

Eine der populärsten Stellen an der Via Appia Antica ist die Kirche Santa Maria delle Piante, besser bekannt als »Domine Quo Vadis«. Der Name geht zurück auf eine frühchristliche Legende: Als Nero Rom niederbrennen ließ, soll Petrus auf seiner Flucht stadtauswärts Jesus begegnet sein. Auf Petrus' Frage: »Domine, quo vadis?«, »Herr, wohin gehst du?«, antwortete Jesus: »Ich gehe nach Rom, um mich ein zweites Mal kreuzigen zu lassen«, worauf Petrus in die Stadt zurückgekehrt sein soll.

EINE AUSGABE, DIE SICH LOHNT

Für besonders interessierte Rombesucher kann sich die »Roma Archeologia Card« schnell bezahlt machen. Das Sammelticket gewährt sieben Tage lang Eintritt zu vielen bedeutenden antiken Stätten Roms. Inbegriffen sind das Grabmal der Cecilia Metella, die Villa dei Quintili in der Via Appia Nuova 1092, die Caracalla-Thermen, das Kolosseum, der Palatino mit Museum und das Römische Nationalmuseum in den Diokletianthermen. Die »Roma Archeologia Card« hat zudem den Vorteil, dass man die lästigen Wartezeiten an den Kassen umgehen kann.
Alternativ gibt es mit der »Appia Antica Card« eine abgespeckte, deutlich günstigere Version, die Eintritt zu Cecilia Metellas Grabstätte, zur Villa dei Quintili und zu den Caracalla-Thermen gewährt.

WEITERE INFORMATIONEN

Mausoleo di Cecilia Metella: Via Appia Antica 161, geöffnet Di–So 9–19 Uhr
Roma Archeologia Card: 27,50 €, www.rome.info
Appia Antica Card: 7,50 €, www.rome.info

Für die Bauten am Decumano Massimo sollte man sich besser Zeit lassen (oben), sonst übersieht man leicht ein Bodenmosaik wie das in der Terme di Porta Marina (unten) oder gar das antike Theater (rechts unten). Danach lädt der Lido di Ostia zum erfrischenden Bad ein (rechts oben).

48 Ostia Antica

Roms alter Hafen

Kein anderer Ort in Roms Umgebung gibt einen anschaulicheren Einblick in das Leben einer antiken Stadt als das alte Ostia, das direkt an der Küste lag, doch durch zunehmende Verlandung, für die der Tiber verantwortlich war, vom Meer abgetrennt wurde. Ostia versank im Sand und in der Vergessenheit, bis man im 19. Jahrhundert begann, die einst so blühende Hafenstadt nach und nach auszugraben.

Äneas, sagenumwobener Ahnherr der Latiner, sei an der Mündung des Tibers an Land gegangen, hier habe König Martius im 7. Jahrhundert v. Chr. die erste Siedlung gegründet, erzählen die Legenden. Die archäologischen Forschungen allerdings besagen, dass erst um 335 v. Chr. eine Fischer- und Hafenstadt entstand, die zusammen mit Rom emporwuchs. Sulla, der Diktator des spätrepublikanischen Reichs, umgab es mit einer 2500 Meter langen Befestigungsmauer, während es in der Kaiserzeit weiter nördlich um den Hafen des Claudius und das sechseckige Hafenbecken des Trajan erweitert wurde, war Ostia doch mittlerweile einer der lebhaftesten Militär- und Handelshäfen. Dieser Rang drückt sich in den Prachtbauten aus, deren Ruinen noch immer viel ihres einstigen Glanzes verraten. Dass die wohlhabende Stadt dann in Vergessenheit geriet, hat mehrerlei Gründe. Durch die Teilung des Imperiums unter Kaiser Konstantin in Ost und West, durch den Untergang von Westrom und die Wirren des Mittelalters schwand Roms Bedeutung als Macht- und Handelszentrum immer mehr. Zudem schwemmte der Tiber mit der Zeit gewaltige Sandmassen heran, wodurch der Hafen immer mehr von der Küste abrückte. Den Todesstoß gaben die stete Malariaplage und im 17. Jahrhundert die Öffnung eines Kanals bei Fiumicino. Mehr als die Hälfte des Stadtgebiets förderten die Ausgrabungen zutage, die ein so eindrucksvolles Bild einer römischen Stadt vermitteln: Wohnhäuser und Theater, Tempel und Grabanlagen, Geschäfte und Gasthäuser, Kasernen und Lagerhäuser, Thermen und Tore, Mosaiken und Statuen.

Den Decumano Massimo entlang

Die Hauptstraße des alten Ostia, der Decumano Massimo, der unweit der Porta Romana aus republikanischer Zeit beginnt, durchquert die Stadt in ihrer gesamten Länge bis zur Porta Marina. Links und rechts dieser bedeutenden Straße liegen die wichtigsten Gebäude öffentlichen Lebens; Läden, Bäder, Theater und

Warenlager. Die Straße bildet die Fortsetzung der Via Ostiensis, die Rom mit seinem Hafen verband. Gleich hinter der Porta Romana steht die Statue der Minerva Victoria, eine Siegessäule aus dem 1. Jahrhundert. Rechts davon liegen die Terme dei Cisiari. In dem Badehaus ist ein sehr sehenswertes Mosaik mit Fuhrwerk und Fahrer erhalten. In der Osteria di Fortunato findet sich ein früher Werbespruch als Fußbodenmosaik, der frei übersetzt lautet: »Fortunatus sagt, trink aus seiner Schale, um deinen Durst zu löschen.« Daran schließt ein Theater an, das der Feldherr Agrippa für 2000 bis 3000 Zuschauer erbauen ließ. Sie fanden auf drei Rängen Platz, von denen der oberste nicht erhalten ist.
An der Piazzale delle Corporazioni verewigten 70 Gilden ihre Embleme im Mosaikfußboden – für Historiker sind diese von unschätzbarem Wert. Wie in römischen Siedlungen meist üblich, wird der Decumano am Forum vom Cardo Massimo gekreuzt, der die Nord-Süd-Ausrichtung bildet. Hier stand einst das Capitol, Ostias größter, dem Jupiter geweihter Tempel, von dem noch der breite Treppenaufgang zum Allerheiligsten erhalten ist.

Wohnblock mit Anspruch

Die Bewohner Ostias wohnten abseits des Decumano Massimo, meist in mehrstöckigen Blocks, den *insulae*, mit Mietwohnungen, die von unterschiedlicher Qualität und verschiedenartig ausgestattet waren. Die unbedingt sehenswerte »Casa di Diana« zählte zu den besseren Wohnblöcken und hatte im zweiten Stock einen umlaufenden Balkon, ein eigenes Badehaus und ein Atrium mit Zisterne. Das Erdgeschoss beherbergte Geschäfte und Tavernen sowie eine Bar, in der noch die Marmortheke zu sehen ist, an der man einst seinen Wein orderte.

MIT DEN RÖMERN AM STRAND

Wer Abwechslung vom Besichtigungsprogramm sucht, sollte 15 Kilometer weiter zum Lido di Ostia fahren. Das ist Roms nächster Strand, und wie man schnell feststellt, ein höchst beliebtes Ziel für Stadtflüchtlinge. An einem ganz normalen Tag im Sommer kommen bis zu 55 000 Leute, um der Gluthitze der Stadt zu entfliehen und sich in die Fluten des Tyrrhenischen Meeres zu werfen. Zwar gibt es auch freie Strandabschnitte, doch bevorzugen die Römer die *Stabilmenti*, Strandclubs mit Liegestühlen, Kabinen und Kiosken.

WEITERE INFORMATIONEN

Ostia Antica: Viale dei Romagnoli, 717, Tel. 06-48 02 01, geöffnet im Sommer Di–So 8.30–18 Uhr, im Winter Di–So 8.30–16 Uhr, Eintritt 6,50 €, www.archeoroma.beniculturali.it
Anreise: mit der Metro Linea B bis »Piramide« und weiter mit dem Zug »Roma Lido« bis Ostia Antica.
Lido di Ostia: www.romametropolitane.it
Anreise: mit dem Zug »Roma Lido« Richtung Cristoforo Colombo, Stella Polare, am Castel Fusano oder an der Endstation aussteigen.

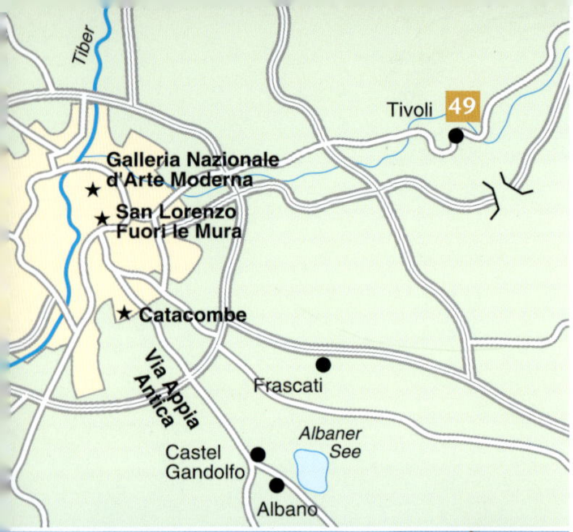

Die Fischteiche unterhalb der Fontana dell'Organo dienen heute nur noch der Zierde (oben). Auch das Innere der Villa d'Este ist prachtvoll ausgestattet, hier die Prima Stanza Tiburtina (unten). Verspielte Brunnen, hier in Form eines Bootes, finden sich überall im Park (rechte Seite).

49 Tivoli und seine Villen

Sommerfrische für die Herrscher

An der Aurelianischen Mauer beginnt sie, die Via Tiburtina. Sie führte schon zur Zeit der römischen Republik nach Tibur, dem heutigen Tivoli, das zur beliebtesten Sommerfrische erkoren wurde. Was heute die Besucher vor die Tore Roms führt, sind die herrschaftlichen Villen und ihre weitläufigen Parks mit plätschernden Wasserspielen, stürzenden Kaskaden und verwunschenen Grotten.

Mag sein, dass Tivoli mit seinen knapp 60 000 Einwohnern, 30 Kilometer nordöstlich von Rom, durch den Nachkriegsbauboom seine Ursprünglichkeit eingebüßt hat, doch konnte sich der historische Ortskern viel von der Atmosphäre des einstigen Bergdorfs bewahren. Noch immer säumen mittelalterliche Häuser die kopfsteingepflasterten Gassen. Noch immer liegt es eingebettet im üppigen Grün der Tiburtinischen Berge, und die Luft ist klar und rein. Und noch immer stürzen die Wasser des Tiber-Nebenflusses Aniene schäumend in die Tiefe. Zu den berühmtesten Persönlichkeiten, die hier ihren Landsitz hatten, zählen die Dichter Catull und Horaz, die Kaiser Hadrian und Trajan, wie auch Cäsars Mörder Brutus und Cassius. Sie alle genossen nicht nur die kühle Bergluft, wenn die Hitze des Sommers das Leben in Rom lähmte, sie nahmen auch heilende Bäder in den Schwefelquellen, die hier entspringen. Kaiser Augustus behauptete jedenfalls, in Tivoli von seiner Schlaflosigkeit geheilt worden zu sein.

Mittelalterliche Atmosphäre

Der strategisch günstig gelegene Ort erlebte auch düstere Zeiten. Wegen der vielen Invasionen ließ Papst Pius II. in Tivoli im 13. Jahrhundert schließlich die Trutzburg Rocca Pia über den Ruinen eines Amphitheaters erbauen und erklärte großspurig: »Es ist leichter, Rom zurückzugewinnen, wenn man Tivoli besitzt, als Tivoli zurückzugewinnen, wenn man Rom besitzt.« Im historischen Zentrum gibt es einiges zu entdecken. Einen Besuch wert sind unter anderen der Dom San Lorenzo aus dem 17. Jahrhundert mit einer lebensgroßen mittelalterlichen Kreuzabnahme, die romanische Kirche San Silvestro mit wunderbaren Fresken, die urige Casa Gotica und die antiken Überreste des Tempio della Sibilla mit rechteckigem Grundriss und ein Vesta-Rundtempel, der an jenen auf dem Forum Boarium in Rom erinnert.

Denkmal des Papstes

Noch eine Attraktion hat Tivoli zu bieten, eine weitere Sommerresidenz, die ihrer

Verwunschen gibt sich der Park der Villa Gregoriana mit den verstreut liegenden Ruinen (oben). Im weitläufigen Park der Villa d'Este (rechts unten) steht ein Brunnen mit der Kopie der vielbrüstigen Diana aus Ephesus (Mitte). Die Kolonnaden des Canopus sind Hauptanziehungspunkt in der Villa Adriana (unten), wie auch das Teatro Marittimo (rechts oben).

berühmten großen Schwester wegen ganz zu Unrecht ein Schattendasein führt. Anlegen ließ die Villa Gregoriana mit ihrem weitläufigen Park Papst Gregor der XVI. 1835, und seither steht sie Modell für viele Landschaftsmaler, die sie in Öl, als Aquarell oder Kupferstich verewigten. Der Aniene, der immer wieder für verheerende Überschwemmungen sorgte, wurde umgeleitet. Wildromantische Gärten und zauberhafte Grotten entstanden – und die Grande Cascata, die hinter der Stadt über 100 Meter in die Tiefe stürzt.

Insel der Einsamkeit

Ein nicht minder starker Besuchermagnet ist die Villa Adriana, sechs Kilometer südlich von Tivoli, von Hadrian als Sommersitz zwischen 118 und 134 n. Chr. erbaut. Leider litt die Villa sehr unter Plünderungen, und irreparable Schäden wurden ihr zugefügt, als man ihren Marmor zur Gewinnung von Zementkalk brannte. Schließlich setzten Altertumsliebhaber der Renaissance das Zerstörungswerk fort, die geraubten Statuen sind heute auf Europas Museen verteilt. Dennoch vermittelt die Villa mit ihren mächtigen Ruinen einen überwältigenden Eindruck von imperialer Prachtentfaltung. In der fast einen Quadratkilometer großen Anlage wurden auf Geheiß des Kaisers Orte und Bauten kopiert, die ihn auf seinen ausgedehnten Reisen durchs Imperium besonders beeindruckt hatten. Eine Art erstes Disneyland entstand, auch wenn die Identifizierung historischer Vorlagen nicht immer ganz leicht ist. Bevor man sich zu einem stimmungsvollen Picknick inmitten der unter Zypressen und Oliven zerstreut liegenden Ruinen und Säulenfragmente begibt, sollte man einen Blick auf das Modell der gesamten Anlage am Eingang werfen. Besonders eindrucksvoll ist das »Maritim-Theater«, ein rundes Wasserbecken mit einer von eleganten Säulen umstandenen »Insel der Einsamkeit«, über eine Schwingbrücke erreichbar. Es heißt, es war Hadrians Lieblingsort, wo er sich eine Auszeit von der Politik gönnte und sich den Schönen Künsten widmete. Da Hadrian auch sehr der griechischen Philosophie und Architektur zugetan war, wurde ein Teil der Gärten dem Wald von »Akademe« nachgebildet, wo Platon einst seine Schüler lehrte, und es entstand das Abbild der »Stoa Poikile«, der berühmten Athener Säulenhalle, die den Stoikern den Namen gab. Der wohl ambitionierteste der Nachbauten war der »Canopus«, ein ägyptisches Serapis-Heiligtum, das von einem 185 Meter langen Kanal gesäumt wurde. Zur Dekoration wurden aus dem Land der Pharaonen eigens Statuen importiert, doch zieren das Kanalufer auch griechische Karyatiden. Besonders hübsch anzusehen ist das Tal von Tempe, sagenhafter Aufenthaltsort von Göttin Diana – den dazu passenden Peneios-Fluss symbolisiert ein kleiner Bachlauf.

Villa d'Este, Königin der Villen

Der luxuriöse Lebensstil der alten Römer wurde in der Renaissance wiederentdeckt und wie die Architektur auch aus der Antike adaptiert. Die Villa erhebt sich auf dem Areal eines Benediktinerklosters, das der neue Besitzer, Kardinal Ippolito II. d'Este, Mitte des 16. Jahrhunderts umgestalten ließ. Ippolito, Sohn von Lucrezia Borgia und Ferrara-Herzog Alfonso I.,

wollte eigentlich Papst werden, so wie sein skandalumwitterter Großvater Alexander VI. Doch aus seinen Plänen wurde nichts, und so zog der reiche Sprössling aus dem Hause der Este als Statthalter nach Tivoli. Geld spielte keine Rolle, deshalb beauftragte er den bekannten Baumeister Pirro Ligorio, die alten Klostermauern zum prächtigen Palazzo auszubauen. Äußerlich präsentiert sich die Villa erstaunlich schlicht, doch das Innere zieren Groteskenmalereien des späten 16. Jahrhunderts. Ihren wahren Ruhm aber verdankt die Residenz etwas anderem. »Königin der Villen« wird sie ihrer herrlichen terrassierten Gärten, Brunnen und Grotten wegen genannt – geschickt wusste man das natürliche Gefälle des Geländes und die Wasser des Aniene zu nutzen. Die Verschmelzung von Natur und Architektur und die malerische Umgebung ließen hier eine der berühmtesten Villen Italiens entstehen, Vorbild für viele spätere Luxuslandsitze. Obwohl die Gärten über die Jahrhunderte gelitten haben, vermittelt die parkähnliche Anlage mit zahllosen Wasserspielen und fantasievollen Brunnen noch immer einen lebendigen Eindruck des frivolen Lebens damaliger Herrschaft. Von der großen Loggia aus wandelt man inmitten von üppigem Grün zur Diana-Grotte oder Berninis wundervoller Fontana del Bicchierone. Auch auf ein kleines Modell der Tiberinsel stößt man, die Rometta mit allegorischen Statuen und einer Kopie der römischen Wölfin. Sie befindet sich am Ende der Viale delle Cento Fontane, die von moosbewachsenen Brunnen mit Groteskenfiguren, Obelisken und Wappenadler gesäumt wird. Nicht entgehen lassen sollte man sich den fabelhaften Blick von der untersten Terrassenstufe aus!

ENTSPANNUNG PUR

An der Via Tiburtina Valeria und 22 Kilometer außerhalb Roms auf dem Weg nach Tivoli liegt der Ort Tivoli Terme. In der restaurierten Freiluft-Thermenanlage Acque Albule lässt es sich vorzüglich entspannen – eine ideale Aktivität nach der Besichtigung der Villen und Parks. Das schwefelhaltige Wasser in den vier Becken ist 23 °C warm und wirkt positiv vor allem bei Rheuma, Haut- und Atemwegserkrankungen.

WEITERE INFORMATIONEN

Villa d'Este: Piazza Trento 1, Tivoli, Tel. 0-199 76 61 66, geöffnet tägl. 8.30 Uhr–1 Std. vor Sonnenuntergang, Eintritt 8 €, www.villadestetivoli.info

Villa Gregoriana: Piazza Tempio di Vesta oder Largo Sant'Angelo, Tel. 0774-38 27 33, geöffnet im Sommer tägl. 10–18.30 Uhr, im Winter Di–Sa 10–14.30 Uhr, So 10–16 Uhr, Eintritt 5 €, www.villagregoriana.it

Villa Adriana: Via di Villa Adriana 204, Tel. 06-39 96 79 00, geöffnet 9 Uhr–1 Std. vor Sonnenuntergang, Eintritt 6,20 €, www.villaadriana.com

Le Terme di Roma – Acque Albule: Via Tiburtina Valeria, km 22,700 in Tivoli Terme, Tel. 0774-40 85 00, geöffnet tägl. 10–17.30 Uhr, Eintritt 13–17 €, www.termediroma.org

Geheimnisvoll geben sich die Katakomben San Callisto, die Lieblingskatakomben von Papst Johannes XIII. (oben). Hier hat sich noch reicher Reliefschmuck erhalten (unten). Erst 20 Kilometer des Katakomben-Netzwerks von San Callisto sind erforscht (rechts unten). Griechische Inschriften weisen auf Gräber von Märtyrer-Päpsten hin (rechts oben).

50 Katakomben

Zauberwelten im Untergrund

Welten von ganz ungewöhnlichem Reiz erschließen sich in den über 30 Meter in die Tiefe reichenden Katakomben der frühen Christenheit. Zehntausende von Grabstelen finden sich auf mehreren Geschossen, wobei noch längst nicht alles erschlossen wurde. Doch was Archäologen bisher zum Vorschein gebracht haben, Gänge und Nischen mit Malereien, Inschriften und christlichen Symbolen, ist höchst beeindruckend.

Mit der Bestattung ihrer Toten in unterirdischen Nekropolen jenseits der Stadtmauern befolgten die frühen Christen die damaligen strengen Gesetze. Da auch viele Heilige unterirdisch bestattet wurden, galten die Katakomben später als Heiligengräber und zogen viele Pilger an. Die älteste dieser Grabstätten ist die Priscilla-Katakombe, die ihren Namen einer jungen Römerin verdankt, die zum Christentum übergetreten war und deshalb auf Befehl von Kaiser Domitian getötet wurde. Gänge und Nischen zieren mehrere Fresken mit Heiligen sowie frühchristliche Symbole. Besonders sehenswert ist eine griechische Kapelle mit einem Wandgemälde aus dem 2. Jahrhundert, das Szenen aus Altem und Neuem Testament und Maria mit dem Jesuskind zeigt. Ebenfalls einer konvertierten Christin sind die Catacombe di Domitilla zu verdanken. Sie sind die größten und eindrucksvollsten der unterirdischen Friedhöfe. Sie dienten nicht nur Christen, sondern auch heidnischen Römern als Grablege, die es trotz ihres Reichtums und Ruhms nicht vorzogen, an den Konsularstraßen begraben zu werden. Nachdem sich Domitilla, eine Nachfahrin von Kaiser Vespasian, zum Christentum bekannte, erlaubte sie Glaubensgefährten im Familiengrab ihre letzte Ruhe zu finden. In Domitillas Katakomben liegt auch die unterirdische Basilika SS. Nereo und Achilleo von 395 n. Chr. – mit ihren Säulen und Marmorfragmenten wirkt sie höchst eindrucksvoll.

Die Lieblingskatakomben des Papstes

Als bedeutendste Katakomben gelten die des San Callisto. Sie bezeichnete Papst Johannes XIII. als »die erhabensten und berühmtesten Roms«, kein Wunder, sind sie doch viergeschossig aus dem vulkanischen Tuffstein herausgeschlagen worden und bilden ein verwickeltes Netzwerk von Nischen und Gängen. Etwa

20 Kilometer davon sind bisher erforscht – längst nicht alle, schätzt man doch die Zahl der Gräber auf insgesamt 170 000. Zu dem heute zugänglichen Bereich gehören auch sechs zwischen 290 und 310 entstandene Sakramentskapellen mit römisch-heidnischen und frühchristlichen Fresken und die Papstkrypta, wo zahlreiche Märtyrer-Päpste bestattet wurden. Besondere Erwähnung verdient das »Cubiculum der heiligen Cecilia« mit byzantinischen Wandmalereien. In dieser Grabkammer entdeckte Papst Paschalis I. ihren Leichnam und ließ ihn in die Kirche Santa Cecilia di Trastevere bringen. Auch die »Catacombe di San Sebastiano« warten mit einer Kirche auf, die sich über dem unterirdischen Friedhof erhebt. Erst im 13. und 17. Jahrhundert entdeckte man sie wieder. Unter der Mitte der Basilika befindet sich ein Versammlungsraum für die Gedächtnisfeier mit eingeritzten Inschriften aus dem beginnenden 4. Jahrhundert. Hier gewinnt man einen guten Einblick in die Symbolsprache der Christen: der Fisch, auf Griechisch das Akronym von »Jesus Christus Gottes Sohn Erlöser«, das Lamm, das den Opfertod Christi bedeutet und die Taube als Zeichen des Friedens. Man vermutet, dass die sterblichen Überreste von Petrus und Paulus während der Zeiten der Christenverfolgung hierher vorübergehend in Sicherheit gebracht wurden.

Gedenkstätte des Grauens

Nahe der Domitilla-Katakomben liegen die Fosse Ardeatine. In dem verlassenen Steinbruch erschossen Nazi-Truppen 335 Gefangene am 24. März 1944. Das Massaker fand statt auf Befehl des SS-Polizeichefs von Rom, Herbert Kappler, und war ein Racheakt für deutsche Soldaten, die einem Bombenattentat zum Opfer gefallen waren. Die bronzenen Eingangstüren zur Gedenkstätte wurden vom italo-amerikanischen Bildhauer Mirko Basaldella als Dornenwand gestaltet.

PROZESSION ZUM JAHRESAUSKLANG

Einmal auf ganz andere Weise ins neue Jahr starten und das auf besonders festliche Weise kann man alljährlich am 31. Dezember in den Priscilla-Katakomben. Dort fand Papst Silvester I., Namenspatron des letzten Tags des Jahres, seine letzte Ruhe.

WEITERE INFORMATIONEN

Catacombe di Priscilla: Via Salaria, 430, Tel. 06-86 20 62 72, geöffnet Sept.–Juli Di–So 9–12 und 14–17.30 Uhr, Eintritt 5 €, www.catacombedipriscilla.com
Catacombe di Domitilla: Via delle Sette Chiese, 282, Tel. 06-511 03 42, geöffnet Feb.–Dez. Mi–Mo 9–12 und 14–17.30 Uhr, Eintritt 5 €, www.catacombe.domitilla.it
Catacombe di San Sebastiano: Via Appia Antica, 136, Tel. 06-785 03 50, geöffnet Ende Dez.–Anf. Nov. Mo–Sa 9–12 und 14–17.30 Uhr, Eintritt 5 €, www.catacombe.org
Catacombe di San Callisto: Via Appia Antica, 110, Tel. 06-513 01 51, geöffnet März–Jan. Do–Di 9–12 und 14–17.30 Uhr, Eintritt 5 €, www.catacombe.roma.it
Fosse Ardeatine: Via Ardeatina, 174, Tel. 06-678 31 14, geöffnet Mo–Fr 8.15–15.15 Uhr, Sa–So 8.15–16.15 Uhr, www.anfim.it

GELATERIA

Fast unwirklich erstrahlt das Kolosseum in römischen Nächten.

Mit den Motorinos von »Bici & Baci« durch Rom zu brausen, ist ein einmaliges Erlebnis, auf das man nicht verzichten sollte (oben). Sooooo lecker! Die Spaghetti Carbonara bei der »Salumeria Roscioli« sollte man unbedingt probieren (Mitte). Die Kapelle mit der Reliquie des San Valentino in Santa Maria in Cosmedin (unten).

Register

Ein architektonischer Leckerbissen: die Ovalkuppel von San Giacomo in Augusta in der Via del Corso (oben). Unglaublich beeindruckend ist der große Konzertsaal im Auditorium von Renzo Piano (unten).

Rom im Frühjahr ist wunderschön grün und bildet zu den antiken Steinbauten, etwa dem Kolosseum, einen erfrischenden Kontrast (oben). In San Lorenzo findet man Wachskunst im »Candle's Store« (Mitte). Der rechteckige Portunus-Tempel und der runde Herkules-Tempel, beide in der Nähe von Santa Maria in Cosmedin (unten).

Impressum

Der Fotograf:
Mirko Milovanovic studierte Fotodesign in Dortmund und arbeitet seit 1993 als freier Fotograf vor allem für Werbung, Reise, Theater- und Tanzprojekte. Er veröffentlicht in diversen Zeitschriften und Verlagen, im Bruckmann Verlag erschienen von ihm verschiedene Bände. Mehr unter www.milografie.de.

Die Autoren:
Susanne Wess, Reise- und Gastrojournalistin, Autorin und Übersetzerin, hat viele Jahre in Italien gelebt. Seit 2001 reist sie für zahlreiche Magazine, Tageszeitungen und Buchverlage um die Welt.
Thomas Winzker, geboren 1959 in München, studierte Italianistik, Amerikanistik und Theaterwissenschaft an der Ludwig-Maximilians-Universität. Er arbeitete 15 Jahre als Chefdramaturg bei KirchMedia für internationale Filmprojekte, bevor er sich als Filmdramaturg, Autor und Journalist selbstständig machte. Der Schwerpunkt des Weltenbummlers, der sich auch als Fotograf betätigt, liegt auf dem Gebiet des Reise- und Gastrojournalismus.

Bildnachweis:
Alle Bilder des Innenteils und des Umschlags stammen von Mirko Milovanovic, München, außer: Corrado Maria Falsini, Rom: S. 16 u., 107 o.; Galleria Doria Pamphilj/SIAE: S. 58, 59 u.; Hotel Hassler, Rom: S. 67 o.; Picture Alliance, Frankfurt a.M.: S. 136 (dpa); Portrait Suites, Rom: S. 75 o.; Shutterstock (www.shutterstock.com): S. 130 u. (Villafranca, A.); www.housetrips.com: S. 109 o.

Umschlag:
Vorderseite
oben: Deckenmalerei in der Capella della Madonna della Purità in der Kirche Sant'Andrea della Valle
Mitte: Der Kapitolsplatz am Forum Romanum (Bildagentur Huber, Garmisch-Partenkirchen/ Cassaro, C.)
unten: Stadtleben in der Via dei Baullari
Klappe vorne: Shopping-Vergnügen in der Via Condotti

Rückseite:
links: Ein Abend am Pantheon
Mitte: Roms wohl berühmtestes Wahrzeichen: die Kuppel des Petersdoms.
rechts: Das Marcellustheater bei Nacht.
Klappe hinten: Dolce Vita auf der Piazza Venezia
S. 2/3: Die Fontana di Trevi in all ihrer Pracht.
S. 5: Eine der steinernen Schönheiten Roms: die »Cleopatra« von Alfonso Balzico in der Galleria Nazionale d'Arte Moderna
S. 166/167: Blick auf den Petersplatz

Produktmanagement: Joachim Hellmuth
Lektorat: Gisela Wunderskirchner, München
Korrektorat: Anke Höhne, München
Layout: graphitecture, Rosenheim
Repro: Repro Ludwig, Zell am See
Umschlaggestaltung: Frank Duffek, München
Kartografie: Astrid Fischer-Leitl, München
Herstellung: Bettina Schippel
Printed in Italy by Printer Trento

Für Hinweise und Anregungen sind wir jederzeit dankbar. Bitte richten Sie diese an:
Bruckmann Verlag
Postfach 40 02 09
D-80702 München
E-Mail: lektorat@bruckmann.de

Die Deutsche Nationalbibliothek verzeichnet diese Publikation in der Deutschen Nationalbibliografie; detaillierte bibliografische Daten sind im Internet über http://dnb.d-nb.de abrufbar.

ISBN 978-3-7654-5752-4

In gleicher Reihe erschienen ...

ISBN 978-3-7654-5437-0

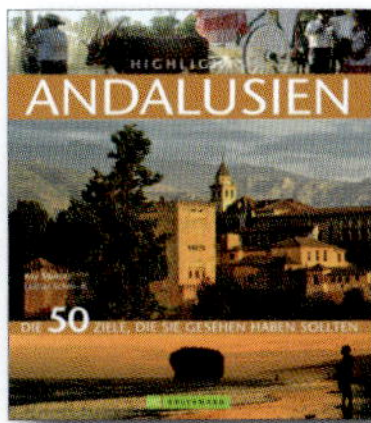

ISBN 978-3-7654-5599-5

ISBN 978-3-7654-4828-7

ISBN 978-3-7654-5154-6

ISBN 978-3-7654-4830-0

ISBN 978-3-7654-5368-7

ISBN 978-3-7654-5253-6

ISBN 978-3-7654-5831-6

ISBN 978-3-7654-5597-1

ISBN 978-3-7654-5214-7

ISBN 978-3-7654-5592-6

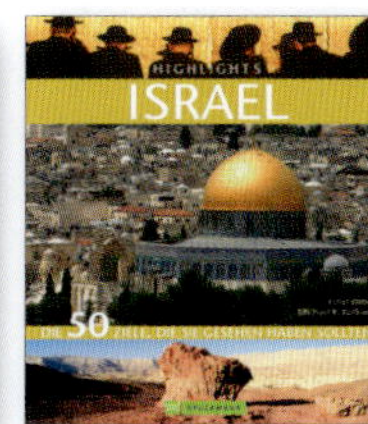

ISBN 978-3-7654-5598-8

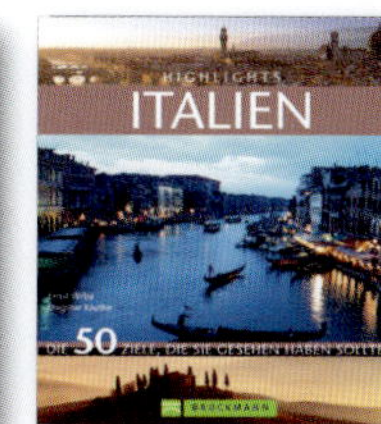

ISBN 978-3-7654-4617-7

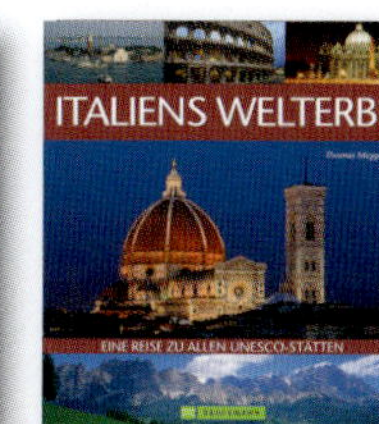

ISBN 978-3-7654-5594-0

ISBN 978-3-7654-5426-4

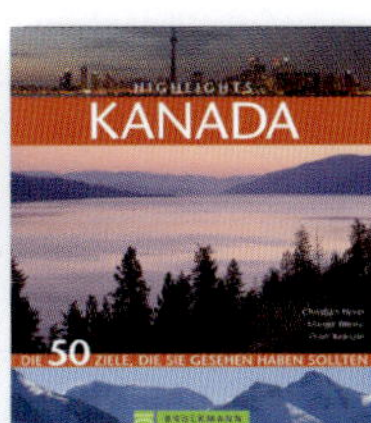

ISBN 978-3-7654-4760-0

ISBN 978-3-7654-4869-0

ISBN 978-3-7654-5596-4

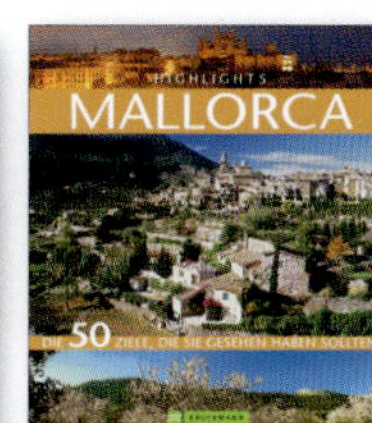

ISBN 978-3-7654-5465-3

ISBN 978-3-7654-4750-1

ISBN 978-3-7654-5751-7

ISBN 978-3-7654-4827-0

ISBN 978-3-7654-6032-6

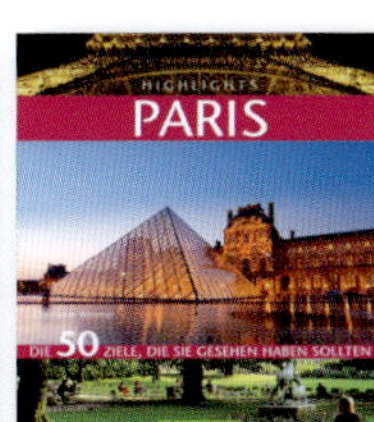

ISBN 978-3-7654-5753-1

ISBN 978-3-7654-5436-3

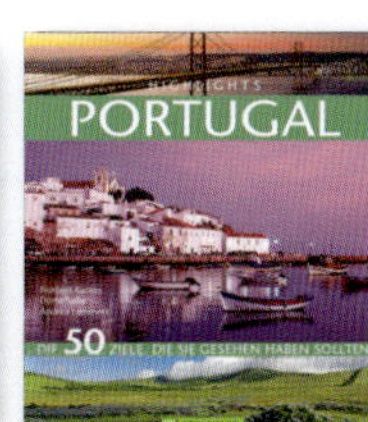

ISBN 978-3-7654-5533-9

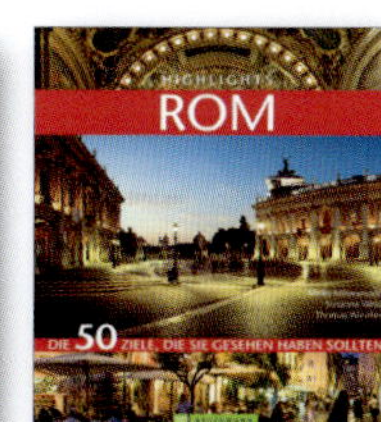

ISBN 978-3-7654-5752-4

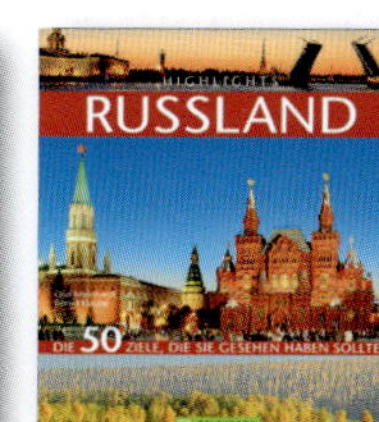

ISBN 978-3-7654-5600-8

ISBN 978-3-7654-4973-4

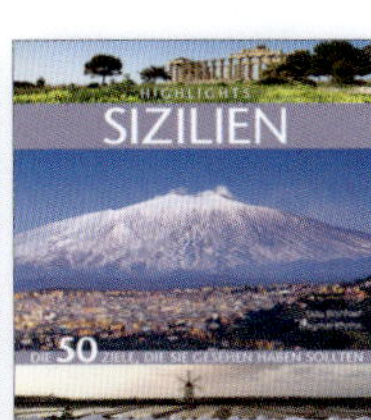

ISBN 978-3-7654-5880-4

ISBN 978-3-7654-4748-8

ISBN 978-3-7654-5863-7

ISBN 978-3-7654-5496-7

ISBN 978-3-7654-5758-6

ISBN 978-3-7654-5144-7

BRUCKMANN

www.bruckmann.de

IN HONOREM PRINCIPIS APOST PAVLVS V BVRGHESIVS ROMANVS PONT MAX AN MDCXII PONT VII